最好的礼仪教养在家庭

纪亚飞/著

彩绘版

国家一级出版社　中国纺织出版社　全国百佳图书出版单位

内 容 提 要

教育始于家庭。最好的礼仪教育在家庭，最好的礼仪老师是父母。

这是一本写给父母和孩子的家庭礼仪书。在这本书里，儿童礼仪权威导师纪亚飞结合自己10年的儿童礼仪教育实践，用简单朴实的语言告诉我们家庭成长环境是如何最大最深远地影响孩子的成长的。强调孩子天生喜欢模仿，而家长是他们最亲密的老师。孩子的礼仪礼节其实有时不必刻意去教，他们会在耳濡目染中渐渐习得。所以，身为父母，要提升自身的礼仪素养，与孩子一起共同学习成长。

图书在版编目（CIP）数据

最好的礼仪教养在家庭 / 纪亚飞著. --北京：中国纺织出版社，2018.8（2019.6重印）

ISBN 978-7-5180-5180-9

Ⅰ. ①最… Ⅱ. ①纪… Ⅲ. ①礼仪—儿童教育—家庭教育 Ⅳ. ①G782

中国版本图书馆CIP数据核字（2018）第141423号

策划编辑：刘 丹　　　　责任印制：储志伟

中国纺织出版社出版发行

地址：北京市朝阳区百子湾东里 A407 号楼　邮政编码：100124

销售电话：010—67004422　传真：010—87155801

http: //www.c-textilep.com

E-mail：faxing@c-textilep.com

中国纺织出版社天猫旗舰店

官方微博 http://weibo.com/2119887771

北京玺诚印务有限公司印刷　各地新华书店经销

2018 年 8 月第 1 版　2019 年 6 月第 3 次印刷

开本：710×1000　1/16　印张：12

字数：173 千字　定价：49.80 元

最好的礼仪教养在家庭，毋庸置疑。

教育的目的是培养完整有意义的人，而并非知识与技能的集合体，而教育始于家庭，而非学校。

昨天我准备乘坐电梯上 29 楼。我住在 6 楼，出来时，正好看到一对母子走出电梯，脸上都洋溢着得意和诡异的笑。

等我走进电梯，惊讶地看到从 7 到 30 都被按亮的电梯控制按钮，除了叹气再无他法。电梯在每一层都停，而每一层都没有人，我只能默默地按动"关门"按钮。到 11 楼的时候，我已经开始有些烦躁了，逐层停逐层关门，而我要去 29 楼。

回想那对母子自得其乐的表情，我不知道他们的快感何来，快感又是如何坦然发生的。

深深感慨每个熊孩子身后都必定有熊父母。真的是犯浑的路上有你的一半也有我的一半。

而事实是熊孩子的每一个任性的行为都体现了家长的教养和素质。

"染于苍则苍，染于黄则黄"出自《墨子》。这句话的意思是把一块白色的丝布，放到青色的染缸中，白丝就变成了青色，放到黄色的染缸中，就又变成了黄色。

对孩子的教育也是这样，家庭环境决定了每个孩子的"色彩"。

回想那位母亲得意的神色，和孩子得意的神色何其相似。孩子在这样的家长身边学会的只能是为所欲为，完全没有考虑过给他人带来的不便，对公共资源的浪费。

我在做儿童礼仪教育 10 年间听到来自家长的最多期待就是：老师，我就这样了，从小没学过礼仪，也不懂什么礼仪，但我想要孩子学习礼仪，能够成为彬彬有礼的人。

可是您知道吗？孩子天生喜欢模仿，家长是与孩子关系最密切的老师，他从家长每次有礼貌对保安说"你好"中，学会了与人友好打招呼；他从父母在自助餐厅吃多少拿多少中学会了爱惜与节约食物；他从父母每次整齐排队中学会了排队和遵守公共秩序；他从父母在公共场合的低声说话中学会了不大喊大叫，控制音量；他从父母不小心碰到他人的一声"对不起"中学会了同理心和致歉语。

当然，他也会从父母在自助餐厅偷偷拿水杯灌饮料的动作中学会偷鸡摸狗；他也能从父母对停车管理员大声呼喝中学会"看人下菜碟"；他还能从父母把他放在公共秋千上玩许久中学会唯我独尊，学会世界以我为规则的霸道……

教育始于家庭。

我一直觉得越早学习儿童礼仪，孩子的学习就越简单和自然，但现在传播儿童礼仪 10 年，我更觉得教孩子礼仪，如果家长不参与学习，那么礼仪教育就很快变成 2 > 5，孩子 2 天休息日和熊家长共处的杀伤力远远大于 5 天的学习和培养。

《三字经》中"性相近，习相远"，充分说明了生长环境对孩子的影响。

1920 年，在印度加尔各答东北的一个名叫米德纳波尔的小城，人们常见到有一种神秘的动物出没于附近的森林，往往是一到晚上，就有两个用四肢走路的像人的怪物尾随在三只大狼后面。后来人们打死了大狼，在狼窝里终于发现了这两个"怪物"，原来是两个裸体的女孩。其中大的七八岁，小的约两岁。这两个小女孩后来被送到米德纳波尔的孤儿院，人们给她们取了名字，大的叫卡玛拉，小的叫阿玛拉。她们刚被发现时，生活习性与狼一样：用四肢行走，白天睡觉，晚上出来活动，怕火、光和水；只知道饿了找吃的，吃饱了就睡，不吃素食而要吃肉，吃东西不用手拿而是放在地上用牙齿撕开吃；不会讲话，每到午夜后像狼似的引颈长嗥。

后来她们被送进孤儿院，卡玛拉经过 7 年的教育，才掌握四五个词，勉强能学几句话，开始朝人的生活习性迈进。她死时估计已有 16 岁左右，但其智力只相当于三四岁的孩子。

最初的成长环境对人的影响是最大最深远的。

家庭是最润物细无声的教育场所，家庭也是最有可能不着痕迹施行有意义教育的地方。有时，身为父母，你做了，便已经完成一项教育，而我们常常以为教育就是在教室里"我讲你听"。

而事实上，很多时候你在做、孩子在学。

苏霍姆林斯基《给教师的一百条建议》中曾把儿童比作一块大理石，他说，把这块大理石塑造成一座雕像需要六位雕塑家：家庭、学校、儿童所在的集体、儿童本人、书籍和偶然出现的因素。

家庭被列在了首位，这是孩子接受教育最早的田园，也是对他影响最深的地方。而很多急功近利的家长总是把孩子送到不同的培训中心，却忽略了自身的成长，殊不知，家才是教育的起点，父母才是他最直观的榜样。

我是一个特别心大的人，从小带儿子毛豆，他可能看得最多的就是我永远不急不躁。最后我发现，每一个"不靠谱"的母亲都会有一个淡定而乐观的孩子。当然，我也没有特别给他上过"乐观"课，他的乐观完全是从我身上耳濡目染学到的。

春天的时候，毛豆的眼睛眨动很频繁，我决定带他去同仁医院看看。我自己几乎不去医院看病，因此完全没有经验（我得过最严重的病就是感冒，而这种病我一般有自我治疗经验，相信你也行）。毛豆也只有感冒的历史，所以，我并不知道，医院给小朋友看病需要用户口本和身份证。

清晨我和毛豆起了个大早驱车去往北京同仁医院，到达之后才知道没有身份证无法建卡，当然我也忘带他的医保卡啦。

无奈我们开车回家取资料，我们没有彼此抱怨，当然，我们有自嘲，匆匆回家，拿了所有资料再第二趟赶往北京同仁医院，路上我和毛豆听着歌有来有往地聊着天。

但我显然低估了北京同仁医院在全国的地位，和它卓著的眼科的影响力。

在窗口办好就诊储值卡，服务人员告诉我所有的挂号业务需要自己通过自助机完成。在自助机前，我信心满满插入储值卡，之后，我表示不敢相信自己的眼睛，因为上面显示的不是当日的眼科普通号已挂完，而是一周的眼科普通号全部挂完，眼睛方面有非常多科室，但一周全部没号。

我面临的事实是：跑了两趟医院，但其实根本不可能看病。

我和毛豆说："今天我们看不成眼睛了，回去后我得盯紧了网上挂号，我上个闹钟，到时抢号。"

毛豆说："今天起了个大早，折返跑两次，也没赶上集啊。这经历值得写篇作文。"

我笑了："这作文的主题是什么呀？"

"好玩，心态好，你看咱俩默默就走了，折腾了一早上也没抱怨，就这么乐呵呵走了。"毛豆说。

"也是哈，不能改变现状，但能决定自己怎么想。我今天回去就研究网上挂号系统，我必须搞定。"我说。

时间已经到中午，我们决定吃饺子奖励自己，因为对于北方人来说，没有什么是一顿饺子解决不了的。

　　坦然面对已经发生的，想出最好的解决方法去积极应对，这是我一贯的心态，而这种心态无须特别教育，在我身上一再发生着也就渐渐变成了毛豆的一种思维定式。

　　所以，这一次，我认真写了这本书，一本可以亲子阅读的图书，让家长和孩子共同浸润礼仪文化，因为我深信：**最好的礼仪教育在家庭，最好的礼仪老师是父母**！

纪亚飞

2018 年 3 月

毛豆

妈妈说：

他是一个在北京公办小学读书的小男生，他觉得自己不帅，妈妈觉得很帅。他品学兼优、快乐自信。他最喜欢橙色，也喜欢种植、做饭和手工。他连续多年被评为"北京朝阳区美德少年"。他自上学以来每个学期都是"三好儿童"，不过，最重要的是：他是一个有爱心、有公益心的小男生，有属于自己的"毛豆公益基金"。他是魔方达人，速拧魔方很厉害，但更厉害的是能够逻辑清晰、语言准确地教魔方，从6岁半开始"魔方视频课"，他的魔方学员有来自全国各地的成年人和少年儿童近千人，他将全部的教学收入一万多元，均已购买儿童书籍捐赠给陕西延安和榆林的小学。毛豆的魔方教学课程一直更新中，公益也一直持续中。

毛豆说：

我是斜杠小学生吧，我做魔方视频教学，是数字华容道达人、快板传人、摄影爱好者，我所有的技能都是自学的，当然，快板是师从李氏快板传人王玥老师哦。其实，我就是一个在中国公办小学里快乐自信成长的小学生。

目 录

第一章

第一任老师是父母

　　父母是孩子最直观的老师，他从出生起最快速的学习渠道就是眼睛，他在模仿中成长，不知不觉，甚至润物细无声。

1 共同成长的力量

做教师需要有教师资格证，做医生要有职业医师资格证，做厨师需要有等级证书，结婚需要有结婚证，开车需要有驾驶证，但唯独做父母，却不需要有父母资格证书。我们就这样没有经过专业的培训，摸索着、放任着、随意着、紧张着就成了父母。

我见过很多焦虑的父母，孩子咳嗽一声也无比紧张，只要孩子感冒便谨小慎微如临大敌。那时我想起自己小时候感冒，虽然喉头干燥，垂涕三尺，但过了几天又生龙活虎起来。我也见过很多没有责任感的父母，总是给孩子高级且花费不菲的教育机会，而自己却蓬头垢面一脸蜡黄。那时我想，一个不向往精彩生活的父母又如何培养一个有追求的孩子？

成为优秀的父母是一门功课，需要学习，需要在实践中成长。

从此刻开始

2007 年，我有了自己的宝贝，他叫毛豆，那一年，我 36 岁，在整个怀孕期间，我在写自己人生中的一个大块头"著作"。我想送一个礼物给我的孩子，一个不能用物质衡量，具有某种精神力量的礼物。作为一个从 1999 年就开始进行礼仪培训工作的人，这个礼物也是我人生的一个高峰。

我的孕吐持续到 6 个半月，在整个孕期，支撑我的只有一种力量"我要成为自己能力范围内最好的妈妈"。在他 100 天的时候，我们请了一些朋友来祝贺，那一天，我送给所有人的礼物就是我的第一本图书《空姐说礼仪》。

我们不是与生俱来就拥有某种能力，但学习无疑是最好的途径。

2007 年，我开始从事儿童礼仪教育工作，很多家长说"我已经来不及了，所以，我要让孩子和您好好学习"。而我却想说"种下一棵树最好的时机是 10 年前，其次是现在"，这句话是说给父母们听的，而不仅仅针对孩子。孩子从出生起最快速的学习渠道就是眼睛，他在不知不觉，甚至润物细无声的模仿中成长，而他最直观的老师就是父母。所以，我想说，教育孩子是一条共同成长的道路，为人父母需要学习和思考，才能够和孩子一起进步。

Let's 思考，get 能量

我想说，教育孩子的同时也是一种自我成长。

毛豆昨晚剪掉留了 10 年的刘海，因为很多人包括老师说他可以露出额头。从小到大，从中国到世界，从黄皮肤的中国人到各种肤色的外国人，太多人对他的刘海表示好奇和兴趣，他也潜意识觉得似乎不应该留了，昨天他决定剪了试试，这是一个一定会尝试的决定。

剪完之后，果然不算好看，一下子把大圆脸都暴露出来啦，眼睛也显得小了。看了一眼镜子中的自己，他号啕大哭，这是他出生以来最严重的一次痛哭。

有片刻，我不知如何回应。

我讪讪地说了句"挺好看的"，他哭得更厉害了。"丑，丑爆了，本来我就不帅，这下更丑了……"他说。

我的大脑快速运转，寻找他痛哭的原因。他是觉得丑才哭成这样的吗？是内心依恋留了 10 年的刘海吗？是担心同学的嘲笑？是……

我赶快实话实说："是的，不算好看，但客观说也不太难看，一般般啦。"

…………

彼时，他在洗澡，我有空思考。我决定针对我想到的可能性，一一解决。

等他出来后，我说："这是一个很正常的男生发型，非常多见，也是大多数男孩的发型，谈不上帅，也说不上丑。刘海没了，有点不习惯对吗？你的头发长得特别快，一个月就长起来了。经过这次，反而我们更坚定以后要留刘海，谁说也不剪了好吗？如果明天上学时，同学笑你，记住你这样回应就会很快结束他们的关注。"

"如果他们说，毛豆剪头发了，刘海没了……"

"你要大方坦荡地说，对呀，昨天剪了，我的额头想看看世界，我就换个发型，让它露出来。这样的回应，会让大家对你的发型不会做太多的评论。如果还有人说，你仍重复这几句即可。"

我又开始表演，"你想想，如果一个人剃了光头，大家说，他剃光头啦，他如果害羞郁闷地捂住头说：'我爸给剃的，我也不喜欢。'大家可能就会说得更起劲：'快看，他的光头好丑。'但如果他说：'是呀，剃光头啦。'大家说几句可能就没兴趣了，对吗？"

毛豆脑补了一下我演的画面说："对。"

其实，很多时候自己不过分关注和掩饰，坦然面对，就是最好的解决方法。

每天和毛豆在一起，我都需要思考，因为总会发生新的事情，思考的结果会使我们都获得能量。因为那一刻，我自己也变得豁然开朗，在生活中，有时不过分关注自己的某个瑕疵，不也是放过自己嘛。放轻松去生活，你和孩子都能够更从容。

在孩子成长的过程中，未必每个问题我们都能够轻松解决和面对，但我深信，如果你能够思考之后再给予指导，那么，也是一次共同的成长和进步。

全能选手

写下这几个字，我自己都笑了。因为现在的父母必须无所不能：会做手抄报、会做 PPT、会进行网上竞赛和答题、还得会做各种科学实验。这令很多父母困惑和郁闷，这究竟是谁在学习？这个问题非常好，现在我就要邀请您和我一起换个思路了。

我从毛豆出生就立志要做全能选手。毛豆的爸爸一直在外地工作，直到毛豆上小学他才调回北京。由于深知现实，我决定直面事实。当然，我因为 36 岁才生宝宝，对如何养育和教育孩子可能有更深的思考，我想要给他一个温暖的家庭和快乐的童年。因此，无论面对什么问题，我都以特别积极的心态去实施和完成。也因为这种心态，我与毛豆一起成长，重温童年的感觉。

有时，看到现代的一些新鲜玩具我也玩得兴致昂扬，我从来不允许自己有此刻是"为了孩子"的心态陪他玩，总是抱着一起玩、一起学、我也进步了、我也开心了、我也成长了的心态，参与他的学习和生活。

因为知道毛豆小朋友没有怎么经历过大场面，我特别理解他要代表学校进行朝阳区科学实验的紧张心情。

那天，从早上毛豆就开始出现各种生理反应。首先，食之无味，准备了早餐给他，他抱歉地看着我说"没有胃口，不太想吃"。我说"好，少吃一点，不想吃就不吃了"。

其次，起床后的程序完全打乱。以往自己穿好衣服出来，是洗漱、吃早点、上洗手间，那天则从卧室出来就直接去了洗手间，吃了早点又去了洗手间。我平静地看他颠倒顺序，说："去吧，你先去拉臭臭也可以。心理状态特别容易带来生理反应，这很正常，我理解你。你看，人心情不好时，有一个词叫食难下咽，但心情愉悦时，又有一个词叫胃口大开，所以，你有点小紧张，想去洗手间也正常。"

另外，他开始频繁清嗓子、咳嗽，感觉各种不舒适。我说："我给你一颗神奇的润喉糖吧，吃了以后心情和喉咙会特别舒服。"我拿了一颗放在我包里的柠檬糖塞进他嘴里，糖一入口，他瞬间笑了。

我说："你是不是特别想问这么好吃的润喉糖是什么牌子的？哈哈，我不知道，晶晶给我买的。"

他说："这么好吃，这是润喉糖吗？"

我很肯定地说："是，我上课嘛，给我买的自然是润喉糖。"

糖是被我扔了原包装，放在空的小糖罐里的，他看看糖罐，相信啦。一边吧嗒嘴一边说："真好吃，甜甜的！"

我说："现在嗓子特别舒服吧。"他点头。

紧张是一种有效的反应方式，是应付外界刺激和困难的一种准备。有了这种准备，便可产生应付瞬息万变的情况的力量，因此，紧张并不全是坏事。然而，持续的紧张状态，则能严重扰乱机体内部的平衡，会带来身体一系列的不适，并且使紧张和压力感剧增，所以，我们应该学会自我消除紧张状态。

这个事情对毛豆而言，是件大事。担负接受区教育局考核的任务，他渴望为班级争光，但潜意识在回顾内容时，又会觉得有各种疏漏。我们常常也会这样。面对重要考核，紧张时，会不断放大自己"不熟不扎实"的信息，给自己表现不好留退路，然而这些信息未必真实却又影响了个人状态。

于是我直接给毛豆建议：

（1）你的大脑只用来回顾每个实验的步骤，对内容做反复复习，无须考虑如何

　　育儿的道路是无比漫长的，正所谓"十年树木百年树人"。但如果，你能够抱着一生学习、一生成长的目标，我相信你所面对的一切问题都会变得轻松、变得简单。

应考，等考试发生再说。第一次面对，你其实设想不出考核场景，比如在哪里站、老师在哪个角度、距离你有多远等，你现在无法凭空设想，因为不在你的经验范围内。那么不如把注意力放在你可以控制的部分，在大脑中反复回顾每个实验的流程和步骤。

当你想具体程序时，你的大脑没空玩紧张，专注一件具体的事情，会减少情绪化反应，是将注意力从"紧张"上转移的一种方法。

（2）当老师提问时，你的目光可以看实验仪器，也可以放空看老师，大脑专注组织语言。如果评委老师出现叹气、摇头、心不在焉，千万不要以为与你有关，可能他想到、看到了其他事情。我自己经常做评委，我也走神，偶尔也偷看微信，因此，评委的表情反应未必都和选手有关。

（3）无论发生什么状况，都坚持讲完，不到最后一刻，不知结果。有的笑话，前面平淡，就只有最后一个"梗"，却能让你笑好久。所以，完整不受干扰讲到最后，相信你自己，即使只有最后三秒都有可能征服评委。

从心理学角度讲，人的潜意识分不清楚是非对错，正确与否，它只接受肯定的信息。

所以，我不能和毛豆说不要紧张不要担心，我必须肯定地告诉他，应该怎样做。

这是他人生的新挑战，希望他能够学会突破紧张，这也是对我的考验，我放轻松，他才更有可能变轻松。

育儿的道路是无比漫长的，正所谓"十年树木百年树人"。但如果，你能够抱着一生学习、一生成长的目标，我相信你所面对的一切问题都会变得轻松、变得简单。

2 身教大于言传

你喜欢和什么人在一起？

你的人生一定要和有营养的人在一起，可以彼此支持鼓励，可以相互欣赏成就，能够让生命更加饱满茁壮。

与生俱来，我们都会懒惰、懈怠、消极和抱怨，但我们需要用一生去学习如何保持快乐、平和、积极、有能量……

而这一切也许有一个人能够改变你，又或者某个人也能把你拉到万劫不复的深渊，向下坠落总是急速和轻易的，向上发展总是缓慢和有挑战的。

所以，一定要和有积极能量的人在一起，有快乐能力的人在一起。而如果有机会让孩子选择，他会喜欢和什么人在一起呢？

有一天，毛豆在他的房间呼唤我，我过来一看，忍不住笑了，然后无比温柔地抱了抱他，问："满意吗？"我经常抱他，但我自己能够感受到我的心情变化，这一次的拥抱格外走心、格外用情。为什么呢？因为，我进来时他躺在床上，肚子上有一张纸，上面写着"抱抱我"。我顿时怦然心动了，我们的生活不就是常常被这样的"小心思"感动吗？

这样的小花样我在家中经常玩，所以他也渐渐学会了，让平凡的生活增加很多情趣。

有一次，我中午躺在床上觉得有点困，虽然睡不着，可就是不想起来。毛豆那时只有三岁，他来拽我，想让我陪他下楼玩，烈日炎炎，加上非常困倦，我真的是不想下楼。我没有直接拒绝，也没有讲大道理，而是顺手从床头的纸巾盒里拽了一张薄薄的纸巾放在了身上，说："哎呀，这张纸压得我起不来。"毛豆忍俊不禁地说："妈妈真淘气。"然后他把纸拿掉，我又拿上了一个床上的毛绒玩具放在身上……

很多时候，我们需要在庸俗的、平凡的生活中找到乐趣，而这些快乐不会自己凭空而来，需要你乐观的态度，快乐的心情来滋生。所以，我不用教毛豆热爱生活，在和我生活的日子里，他感受到的就是我对生活的热爱，因此，他也特别擅长在平淡无奇的日子中制造快乐。

在儿童礼仪教育中也是这样，很多人问我是如何培养毛豆，如何教毛豆礼仪的，说实话，在家中很难正儿八经地给他上礼仪课，身份、环境都不适合。当然这就是我为什么愿意去毛豆学校给他们班上礼仪课的原因，可以让自己的孩子在一个适合的环境中接受礼仪的熏陶和培养。

那么在家中如何实施礼仪教育呢？我不得不认真地说：家庭礼仪教育，身教大于言传。

如果你是一个喜欢微笑的人，你的孩子最经常的表情也会是笑；如果你是一个古道热肠的人，那么你的孩子也会是一个热情、助人为乐的人；如果你是一个接受规则不插队、不焦躁的人，你的孩子也会接受世界的规则，能够排队、能够等待；如果你是一个热爱阅读的人，你的孩子也会爱上芬芳书香。

- -

有一次 10 月黄金周，我带毛豆到北京郊区游玩。

荷花池绿色如绣，辽远至深。

毛豆在池边一块不规则不光滑的石头上，找了个位置，耐心钓螃蟹，他专注认真，一动不动，眼睛盯着水面，片刻不移。

阳光直晒，我感觉脖颈后面的一小块皮肤被晒得生疼。我将夹克的领子立起，并且不断走动变换位置。我去观看其他钓蟹人的战果，发现大多收获寥寥，或者空空如也。我开始无所事事，用手机拍拍天空，看看荷花……

突然，毛豆喊："妈妈快帮我，螃蟹钓上来了，你快点捞起来！"

只见一只螃蟹咬住钓钩上的鱼肉，被毛豆钓起，张牙舞爪。我手忙脚乱收起手机，再慌里慌张拿起纱网篓的长杆，等我忙完，螃蟹已经跑了。

毛豆说："妈妈，你做事能不能用心点，我钓起来，你要赶快拿篓接住，我们要配合。"

我竟无言以对，默默将篓杆握在手中，蓄势待发。

时间滴答滴答缓慢流淌，再没有螃蟹上钩，时光如冗长的絮语，慢慢腾腾，空空荡荡。

一个小时，毛豆都坐在烈日下饶有趣味地垂钓，一无所获，却又自得其乐。我

很多时候，我们需要在庸俗的、平凡的生活中找到乐趣，而这些快乐不会自己凭空而来，需要你乐观的态度，快乐的心情来滋生。

们虽是毫无收获，但离开时，我竟看到他嘴角唇边的笑意和满足。

或许，垂钓之乐，原就不在成果，而是过程。

━ · ━ · ● · ━ · ● · ━ · ● · ━ · ● · ━ · ● · ━ · ● · ━ · ● · ━ · ● · ━

很少有像他这样有耐心的孩子，我想这和他儿时的经历有关，无数次我和他乘坐飞机遇到延误，我们会安然在机场等候，看书或玩玩具，我们都有很好的心态和适当的安排。或者说，他从小到大也没有看我惊慌失措或者暴跳如雷过，我的耐心也渐渐影响了他。

有时，我在家中看竖排的古文，需要拿格尺辅助，毛豆咯咯地笑，我则安静地读，晦涩难懂，但我从来没有放弃扔在一边。所以，毛豆也有了认真啃书的习惯，比如他最近在看的《中国地理》，真的有些难懂，但他仍坚持缓慢地一页一页地读着。

我从不带毛豆闯红灯，所以，他知道过斑马线看到红灯必须止步；我和服务人员说话，一定会用"请"和"谢谢"，所以，无论何时，他在餐厅、酒店和服务人员讲话一定会说"阿姨，请给我一杯橙汁，谢谢"，而不是"给我杯橙汁"；我去超市，乘坐扶梯一定会站在右侧，所以，毛豆永远会乖乖站在我的前方而非与我并排，他也从来不在电梯上逆行或者玩耍；我和他的老师讲话从来都是双腿并拢站立，正面对老师，所以，他也能够做到"长者站、幼勿坐、足容重、手容恭"。

学习礼仪就是这样，身为父母，你做到了，你的孩子也就学会了。

3 教育的根在家庭

教育的顺序

三字经说：养不教，父之过。教不严，师之惰。

这几句话非常鲜明地指出了教育的顺序，千万不要觉得教育是学校的事情，我只负责养育。对孩子品格和道德形成影响最大的时期就是他的童年，换句话说，学校更适合承担的是知识技能教育，家庭必须担负品格素养教育。

有句话说："不好好教育自己的孩子，这个社会会替你狠狠地教育他。"因此，作为父母一定要知道，礼仪教育是孩子童年最重要的教育。

中国周朝的贵族教育体系开始于公元前 1046 年的周王朝，周王官学要求学生掌握六种基本才能：礼、乐、射、御、书、数。在《周礼·保氏》中提到："养国子以道，乃教之六艺：一曰五礼，二曰六乐，三曰五射，四曰五御，五曰六书，六曰九数。"这就是所说的"通五经贯六艺"的"六艺"。

礼者，不学"礼"无以立，《管子·牧民》所谓"仓廪实则知礼节，衣食足则知荣辱"。民间婚嫁、丧娶、入学、拜师、祭祀自古都有礼乐之官（司礼），孔子上代屡为司礼之官，孔子少即习礼，"为儿嬉戏，常陈俎豆，设礼容"。

但千万不要以为礼就是仪容仪表、站立行走，礼就是会打招呼和问候，这只是礼的表象。

在《论语》中有两个字被孔子经常提及，一个是"仁"，一个是"礼"。"仁"是一个人的内在，而"礼"是外在的体现。所以，你做到了，其实说明你的内心修养达到了，比如，一个能说谢谢的人，是具有感恩心的。从来不懂得感激他人的付出，"谢谢"这两个字他也是很难说出口的。

爱是最好的礼仪教育

毛豆很喜欢摄影，当然，这是一个被我想方设法培养出来的爱好，因为经常是他和我一起出门，所以，我特别渴望他能够有不错的摄影技术。为此，我经常启发他看一些高质量的图片，培养他的审美能力，最重要的是我会自己学习一些手机摄影技术，然后给他拍一些角度和构思都很奇妙的照片引发他的兴趣。并且在他给我拍出一些高质量旅游照片的时候，及时给予鼓励和感谢。慢慢地，他的摄影兴趣就被我激发出来了。

每次出去旅行，我总是会大声说"毛豆摄影师，请出场"。他触动屏幕为我拍照，速度很快，甚至无须回放，递给我手机，得意地说构图完美。

我翻看照片，发现在我的摄影知识范畴内，的确已经完美。有时我说："今天开了400多公里的车，有点累哦，给司机拍张照片抚慰一下。"他选择角度说："那得给妈妈拍出不用P图的长腿。"我拊掌大笑。

记得有次在湖边拍照，他说："别急，再等下帆船。"少顷，他触动屏幕完成拍摄，给我看时，我直表示惊叹。比技术更重要的是，摄影师眼睛中的美和心底里的爱，深爱彼此，便不厌其烦，愿意为对方学习，变得更优秀。

爱就是礼的核心。

给孩子爱你的机会

每一种美，都有一双欣赏的眼睛可以看到。每一个行动，都有一颗柔软的心可以感受到。每一份爱，都有一个懂你的人可以体会到。

所以，家庭成员要懂得欣赏和珍惜彼此的付出，也要学会让孩子有机会付出爱。毛豆是我的"咖啡小王子"，这是他力所能及的爱我的方式。

我和毛豆惬意午餐，我点了一杯咖啡。服务生端上来时，毛豆温和友好地说："叔叔，放在我这里。"服务生迟疑片刻，看我笑而不语，就将咖啡杯妥帖地放在毛豆手边。

当时他正在吃三杯鸡，他极其自然地放下筷子，熟练拿起糖撕开、倒在咖啡里，用小勺轻轻搅拌均匀，然后小心推了过来说："妈妈喝吧。"

毛豆4岁的时候，我买了一个咖啡机。从那时起，只要他在，我就没有自己冲过咖啡。无论什么时候，我想喝咖啡，就会说："毛豆，我想喝咖啡。"他的回答永远是："好的，等一下。"

我说："你是我的咖啡小王子。"

他觉得这是爱我的方式，他力所能及又充满成就感的方式，可以恒久、可以持续，可以一直为我做。

有时，我乘早班机，5点多起床，听见我的声响，他会挣扎着爬起给我做咖啡。我心疼地说："宝贝，不用起床，你还要上学呢。"他说："妈妈不喝咖啡，早上会头疼，我做完咖啡就回去继续睡。"然后，做好咖啡，他和我拥抱，揉着眼睛回房睡觉。

我们就是这样用朴素的行动爱着彼此，微小却有力。

— · — · · — · · · — · · · — · · — · · — · · · — · · · — · · — · — ·

如果父母从小包办了孩子的一切事项，自己的事情又担心他添乱，越帮越忙，那么其实你就堵住了一条原本彼此畅通的爱的路径。他从被动接受父母的照顾，到形成被照顾的习惯，再到后来变得很懒，这些都是父母惯出来的，成人也一样，你做了就要接受结果。如果孩子主动帮作为妈妈的你沏茶，你说"别添乱，别烫着你"，孩子会委屈地走开，把原本想为你做点什么的心意收起。久而久之，他也就没有了为你做事的意愿，而这时你也不能嗔怪自己养了一条"白眼狼"。

毛豆最初帮我做咖啡，忘了换新水，或忘记换新的咖啡胶囊是常有的事。不止一次我早上去上课时间很赶，而因为他在做咖啡，速度很慢，还有可能需要重做，但我没有一次表示着急，总是尽可能先做其他事情，把喝咖啡放在最后一项，或者提前准备好一个水杯，等他做好我就打包带走，我小心翼翼维护着他对我的爱，现在他爱我就是一种习惯。

他并不能够总是把事情做好，但我必须给予耐心。当他端着咖啡给我送来时，有时太满会洒在地上，我一言不发，而他把咖啡递给我之后，会返身拿拖布擦净。

给孩子机会让他爱你，适时示弱，及时鼓励，给予他勇气和力量，让他成长，他那绵厚饱满的爱才会被源源不断激发出来。

营造良好的学习氛围

很多人会问我，毛豆为什么喜欢看书呀？每次大家和他一起旅行或者吃饭，发现他一定随身带着书。在餐厅里，菜迟迟不来，我们聊天，他就会自己看书；在漫长的旅途中，高铁或是飞机上，他大多数时间也在看书，津津有味饶有兴趣。

这是他从 2 岁左右养成的习惯，我几乎没有对他进行过说教。2 岁多时他拥有很多故事绘本，每天晚上我们会有 20 分钟的阅读时光，我看我的书，他看他的书，讲故事也是睡前讲，在此之前，他要先自己看图。

我定期会给他买适合的图书，有小说、历史书、地理书、摄影书、唐诗宋词……现在他已经四年级了，也会自己要求买书，学校有图书借阅活动，他每周都会为我借书，比如《我们爱科学》之类的杂志。每次为我借书回来，他都特别兴奋，似乎用他的能力为我做了很重要的事情。当然，我也会认真阅读。

所以，现在回忆，他为什么爱看书，最大的原因可能是我喜欢看书，我有阅读习惯，他耳濡目染也养成了阅读习惯。

你希望孩子做到什么，你要尝试自己先做到。你说的，他未必会记得，但你做的他通常不知不觉在模仿。家庭里有和善友好的氛围，孩子自然也会心性平和；家里有公平开明的氛围，孩子也愿意积极表达自己的观点和想法；家庭里有彼此尊重的氛围，孩子自然能够学会尊重他人。

家是最好的课堂，且这节课无法停止。

4 高质量的亲子时光

关于究竟要抽出多少时间陪伴孩子长大，这是一个难题，也曾经非常困惑我，但我相信时间不能决定质量，我也试图在实践中寻找答案。

在毛豆上小学之前是我独自带他，尽管有保姆的帮忙，但保姆会因为各种原因休息或更换。毛豆的爸爸在外地工作，每月回来1~2次。我们的父母年岁已高，我们也希望他们有自己的生活。所以，我一个人带他的时候很多，工作的时候会带他一起出差，当然也必须带着家中请的保姆。上课的时候，他和保姆在一起，下课的时候我陪伴他。

事实上，他受我的影响最大，而且健康快乐，他始终具有和我沟通的习惯，直到今天我们几乎无话不谈。在他上小学后，我和毛豆爸爸做了角色交换，因为男生更需要的是和父亲在一起的时光。在毛豆爸爸调回北京之后，我开始了在全国进行儿童礼仪讲师培训班的教学活动，每周都在出差，所有的周末我都不在家，但我的陪伴对他而言一直都在。

有效的亲子时光

有效的亲子时光是指和孩子在一起的时光是否真的有效，是否真的投入，是否真的给予彼此快乐。

很多父母拿着手机陪在孩子的身边，人在心思却不在。这样的事情我也曾经发生过，但我很快调整和改变了自己。我们都有自己的生活和工作，我们都很忙，无论是什么样的工作性质，哪怕全职照顾家庭的人，也都会有柴米油盐酱醋茶，水电煤气灯泡锁等一系列生活琐事。我写下这段文字的时候，刚刚送走物业人员，因为楼下洗手间的屋顶渗水了，物业人员上来查看哪里漏水，打开我家的厨房柜子，发现我家也有漏水，他现在又上楼去查找漏水源。所以，我想说，每个人都面临琐碎的生活。很难清清闲闲照顾和陪伴一个宝贝，我们怎么办？

推开一切事情陪伴孩子吗？当然不是，我们需要合理安排，这样和孩子在一起的时光才会更加有效。哪怕这段时光每天只有30分钟，请相信我，它对亲子关系和孩子的成长都是大有益处的。

———·—·——·—·——·—·——·—·——·—·——·—·——·—·—

有一次，我和毛豆在一起，他在玩玩具，我拿着手机，有些工作需要回复。尽管我的工作性质决定我不需要朝九晚五，但不得不说，我也经常需要用手机处理工作事宜。

突然我听到毛豆喊"纪亚飞"，当时我惊呆了。他从来没有呼唤过我的名字，那一瞬间，我有点愕然。我下意识地说："什么事？"

毛豆抱怨说："我喊你妈妈、妈妈，你不答应，我已经喊了许多遍，你一直不答应，我喊你纪亚飞你才理我的，你一直在玩手机，根本不理我。"

听了他的话，我感觉特别内疚，我的事情需要立刻回复吗？并不是，我也没有那么的重要？而人在他身边，却没有关注他，或许这是我的常态，只是这一次，他用喊我名字的方式让我注意到了。

———·—·——·—·——·—·——·—·——·—·——·—·——·—·—

我想，我完全可以和他在一起时把手机收起来，我相信我离开手机 30 分钟世界会照常运转，我的工作并不会有巨大影响。而我有时就是习惯性拿着手机，相信很多父母也是这样，我们并不是片刻都离不开手机，有时只是一种依赖症吧。

所以，请父母们也思考一下，你是否能够每天抽出 30 分钟的时间，踏实地、用心地陪伴孩子呢？听听他的笑声，感受一下他的快乐，知道他每天发生了什么，你不在的时候，他做了什么。养成亲子沟通的习惯，真正做到彼此了解。

所谓有效的亲子时光，就是指和孩子有充分的互动，有真正的交流，有带给彼此快乐的时光，行为和情感真实地交融。

有营养的亲子时光

在毛豆 3 岁的时候，我出差到黄山为一个银行的客户经理做为期 3 天的培训，每天 6 个小时高强度的实战课程，课程的性质以及我个人的授课风格决定每天这 6 个小时需要站立。我的课程是互动和体验式的，因此，课程中我片刻都不可以走神，因为需要及时捕捉学员的状态和倾听学员的反馈。

每天课程结束，学员都说，其实他们坐 6 个小时都觉得累，老师穿着高跟鞋站 6 个小时应该更累。但我充分鼓舞了我的学员，因为他们每天晚上都看到我和毛豆在酒店外面玩"跳格子"的游戏。这是我小时的游戏，我觉得特别适合我和毛豆在场地空旷、空气清新的黄山脚下玩，我们玩得特别开心。毛豆的脸蛋红扑扑的，笑容光灿灿的，我也时时发出有魔力的大笑。我的学生都被感染了，这些每日在紧张工作的银行客户经理，平日压力很大，仿佛生活有无数重担，但每天晚上他们看到酒店外的我和毛豆，都会认真地赞叹一下。

没有谁的生活全无压力，但境由心生。我每次陪伴毛豆做游戏，都把他定位为我的玩伴，并不是我在陪他、应付他而已。不管多么简单的游戏，我都投入其中，因此很多次，和毛豆比起来，似乎我玩得更快乐，这是不是一种心态呢？

你和孩子在一起的时光能够给予他精神和情感的养分，无论时间长短，都是他每日生活的蜜糖。

有益的亲子时光

毛豆在 6 岁的时候，开始玩魔方，自己通过视频、魔方说明书学习、研究，现在他可以玩很多魔方。

因为从小经常需要和我一起出差，所以毛豆没有参加过特色兴趣班，也很难学习某个特长。所以，他一直比较缺乏当众展示的能力，我觉得他需要增强自信，需要有机会去展示自己。当他自己学会魔方后要教我，我很快发现了他的优势。

对我而言，学魔方是件困难的事情。我曾无数次玩过，但都没成功过，我内心有阴影，也没有底气。毛豆在教我的时候，我发现为了方便我记忆他编了很多好玩的口诀，让我觉得拧魔方好像也不是特别难。而且他讲解的时候非常有条理，我想这和我的沟通习惯有关，我和他交流因为职业习惯的原因，总是逻辑清晰语言干净，终于在他身上也感受到了。于是，我立刻做了一个决定，让他开视频课程教小朋友学魔方。

作为父母都希望孩子拥有自信，要知道自信不是凭空的强大，需要底气，这种底气来自两个方面：第一是有能力，第二是被他人认可。其实在马斯洛的需求层次理论中我们就了解到，被别人认可是人们的基本需求之一。

他的魔方课程学习人数达到了上千人，很多小朋友跟着他学会了三阶魔方、二阶魔方和金字塔魔方。

他有一种化繁为简的能力，他教的模式小朋友能听懂，这真的很厉害。甚至比较有难度的金字塔魔方他仅仅用了一次视频课程，很多人就学会了。

每次课程结束，他去上学之前会嘱咐我："如果有人今天爬楼学习，有疑问，你就告诉他们，我今天晚上8点答疑。"他现在变得特别自信，以前他上微课，或为我做微课主持人，他都会紧张。

而最近一次魔方教学课程，当毛豆说"希望大家今晚学有所成，我包教包会，随叫随到"时，我在旁边笑得前仰后合。他真的很自信，真的很用心，并且我由衷地感受到他的进步和胸有成竹。

微课结束，他进行自我总结：

"妈妈，我觉得我这次更成熟了，表现得也更自如，我不紧张了。

"第一，你看，我可以自己和小朋友互动了，他们回复我，我还能说听到你们的声音真高兴，以前我没有说过和魔方无关的话。

"第二，我以前一定要在上微课前去洗手间、喝水、清嗓子。这次我可以从容地等待开始。

"第三，我有责任感了，今天我说了要包教包会，随叫随到，即使我睡觉，也会告诉大家今天的答疑到此结束，明晚 8 点我继续答疑。"

他说这些的时候，别提多么自豪了，似乎每次一个小时的微课，都能让他突然长大。他一直重复"当一个被大家喜欢的小老师真开心，一个小时，一点也不觉得累"。

所以，我特别建议让小朋友培养一些简单轻松的小爱好，这会让他快速成长，找到自信。此外，多让孩子参与进行有责任感的事件，他会在面对时学会思考，学会承担，相应的，收到他人积极的反馈，又会促进和增长他的自信。

当然，这一切也需要家长朋友们多发现孩子的优势，并且有意识地去培养。要知道美好的亲子时光除了快乐，还有成长和进步。

5 宝贝，让我们的人生各自精彩

2017 年 8 月，我和毛豆去西藏，这不是他向往的地方，他最热爱的旅行就是奔向大海、挖沙子、捉螃蟹、踢沙滩足球和游泳。但这一次，他选择去西藏，是因为那是我喜欢的地方，我心心念念的地方。

曾经我有机会去拉萨讲课，但他在上小学，已经无法随时和我出差。毛豆说："妈妈不要去，等我一起去，你人生最喜欢的地方我希望有我陪伴。"

他知道，我们爱彼此，我们希望彼此快乐，我们会因为彼此快乐而感到极大的满足。

终于，在他 9 岁的时候，可以用我喜欢的方式真正旅行，我已等待太久。

爱，是各自独立

我常常对毛豆说，我们非常爱彼此，但我们的人生要各自精彩。

其实，我的人生轨迹还是伴随毛豆的出生成长而改变的。怀孕在家不能出差和工作，为了给即将出生的宝贝一个礼物，我决定用怀孕的时光写书，我的第一本书的封面照片就是怀孕 5 个月的时候去拍的，是迎接他的礼物。当然，毫无疑问我的工作也进行了调整，也是为了更好地爱彼此。

我没有成为全职妈妈，我选择将工作重点由成人礼仪培训转为儿童礼仪教育，这使得我的工作就是生活，生活也是工作。培养他、教育他、陪伴他这都是我的工作，而其中的发现、感悟、思考、实践和收获，又帮助我夯实儿童礼仪理论。

自 2007 年他出生，我写了人生第一本图书，在他 4 个月时，开始在当时阅读量最大的母婴杂志《妈妈宝宝》上撰写专栏"宝宝有礼"。他一岁一岁地长大，我则一年一年地写作，随着第 10 本书籍《纪亚飞教孩子学礼仪》的诞生，他刚好 10 岁。同时我也因为他开创了儿童礼仪课程，目前在全国已培养儿童礼仪讲师四千多位，其中香港和台湾也有儿童礼仪讲师，更有澳大利亚、新加坡、马来西亚等国家的华人专门来学习儿童礼仪课程。

毛豆在北京一所公办小学读书，是品优生，连续 3 年成为校级"三好儿童"，摄影作品在 2015 年北京国际摄影周获得奖项，他快乐、自信而又善良。

他 3 岁时，我和他聊天说："宝贝，我不会为你放弃我的爱好、乐趣和喜欢的工作，因为所有我为你放弃的都会成为你的负担。

"我也允许你淘气，有自己的小秘密、有喜欢的食物，哪怕是垃圾食品。我尊重你成长中每个阶段的特点。

"如果我的生活只有你，那将非常可怕。如果我为你放弃我的全部，我会常常向你诉说和索求我为你付出的一切，因为当我的生活只有你时，那一定不是幸福，而是负担。我会每天关注你，看管你，你必将无力承担。

"如果我都没有自己了，我的脸上怎会有光泽，我的眉梢怎会充满喜悦，我都没时间去打理自己，镜子里的我还有神采吗？

　　宝贝，我们非常爱彼此，但我们的人生要各自精彩。

"等你 10 岁或者 12 岁，你想和自己的朋友玩，我可能会绑着你，因为我都已经从你出生就没有社交活动了，如果你不带着我，我该怎么办？

"如果你写作业，我不敢看电视，不敢大声讲话，每个水果都切好块，不参加自己的小聚会，那我的朋友圈除了转发'这些食物你还在吃吗？'这样危言耸听的内容，我还能说什么？"

我们都要快乐，我们都希望彼此快乐。

如同这一次不同于以往度假形式的旅行，出发前我对毛豆说："我一个人开车，你在车上照顾好自己，我们走一段不同的路，过一段有荆棘、有惊喜的时光。日出、草甸、原野、高山、寺庙、高原、湖泊，和我一起走，好吗？"他的眼睛明亮而信任。

即便他上小学以后，业余时间非常有限，照顾孩子与提升自己，鱼与熊掌不可兼得，我也想尝试在一定程度上进行平衡，不放弃自己，不放弃宝贝。

我给毛豆选择的英文学习班就在楼下，这样家长不必太辛苦，并非品牌，但他可以自己往返，目前他的成绩全优。比较远的是学习快板与踢足球，这两项需要接送。我的选择有近有远，我不能让全家人奔波在接送和照顾他的路上。虽然我算"老来得子"，虽然我立志要做全能母亲，但是，我没有为了他放弃我自己。

我依然会独立而努力地工作，我依然会定期做美容，我依然会每周保持运动，保持良好的体型，我依然很在意自己的外表，我依然很爱美……

不敢做放弃自己的人

我不敢为了他放弃我的全部，因为我深深知道，他会长大，他会有自己的生活，我为他放弃的所有，终有一天会无比幽怨地让他承担责任，正如我们的父辈常常让我们背负的压力。

我从小听到最多的一句话就是父亲对我说"我为了你，才……所以，你必须给我好好学习，你不努力学习，对得起谁"。我背负着巨大的压力，感觉父母为我做了很多，他们贫穷忙碌的生活现状都是我造成的，我唯有好好学习，才能找到整个家的出路。但我又有很强烈的叛逆，无数次我对父母说"那你别管我，谁让你做的"。

那时候，父母为了能让我上一个好一点的学校，要付出更多的金钱和精力，因为离家比较远，所以需要接送，这给他们原本繁忙的工作增添了更多的负担。这样的负罪感似乎根植在我的童年。

所以，我在毛豆很小的时候，就会把这种理念灌输给他，告诉他我不会为他放弃所有，包括工作，我想让他有一个快乐而出色的母亲。

我的工作性质决定了我必须经常出差，所以从毛豆1岁开始，我们就一起出差，在他上小学之前，他和我走过了中国14个省份。有时，我不能带他出差，他必须面对和我分离，和保姆在家。他也会哭，但我会一遍遍不厌其烦地告诉他妈妈要工作，我出差3天，3天之后的傍晚我就会回来，妈妈非常爱你，但我需要工作，这是我的责任。当然，他仍是哭，但我坚定地出差，如期回来，他也渐渐习惯。

也正因为如此，他不欠我什么，我从不说为了他我放弃了什么，我们需要为各自的人生负责。

有时，我想去做头发，他想我陪他去骑自行车，我们会用游戏的方式决定，谁为谁妥协，因为我们彼此都需要有属于自己的乐趣，并不为谁放弃自己。我们仍然非常爱对方，这一点并不矛盾。

现在我依然每周出差，从他出生至今，我保持着每年写1本书的节奏；我每年大约有 200 天以上在培训和上课；这么多年，我一直坚持运动保持着良好的柔韧性和符合标准的体重。

他今年 10 岁，我从来没有打过他，比较严厉的责骂只有两次。更多的时候，我就像是他身旁一棵认真执着健壮生长的大树，他可以依靠，但我也会保持自然的生长，拥有繁茂的绿叶和自己倨傲的姿态。

我对他说："我希望无论你几岁，你都能够骄傲地向别人介绍，这是我的妈妈。"而这句话的背后，是我一直努力并且精彩的人生。

让孩子学会为结果负责

想要彼此独立又美好的生活，孩子最需要掌握的一个能力是"为自己的行为负责任"。

我并不过多地干预毛豆的想法，一直非常注意培养他对问题的思考能力。在他成长的过程中，我更多的是支持，而不是帮他做决定，因为我做的决定，理论上就应该由我自己来负责，而我希望放手让他做决定，让他自己来承担后果，这也是培养他独立而负责任的一个方法。

早上和毛豆走在上学路上。

毛豆说："好紧张啊，今天要揭晓月考成绩，它意味着我接下来的生活该怎么规划。"

起因很简单，他的学校每周有周闯关，每月有月闯关，这个星期，每天回家他疯狂玩，完全不学习。因为要月考，所以没有留太多家庭作业，老师让学生自己复习，那少少的作业，他都在学校完成，回家就只剩下狠狠地玩。

我坦诚地对他说："看到你作为一个四年级的小学生，回来不复习功课，我很焦虑，但你学习成绩很好，我又无话可说。"

他笑着说："我懂你的心情，看到我这么玩有点担心对吧，我答应你，如果我的成绩有滑落不能保持全优，我会调整学习计划和方式，但是，如果我成绩很好，我就可以玩，行吗？"

我说："好。你为结果负责就行。"

这周我就一直看着他撒欢地玩，拧魔方、下棋、打篮球、看课外书、打扑克、玩游戏……哦，还给我做了一个心形的项链坠。

我焦虑无言。

今天换他紧张了，结果就要来了，他得承担。

我说："你既然觉得没什么可复习的，现在又有什么可担心的？"

他说："妈，你不知道啊，所有的考试几乎都没有死记硬背的东西，都是理解题。英语根本不考单词和词组，一半是阅读理解，一半是听力。语文题我真的有点担心，我的理解和老师不在一个路子上，就像开车，她在右转道，我是直行道。我好不容易适应了盖老师的路子，今年一换老师，我感觉我和池老师走在不同的路上。"

我说："并线啊。"

他说："我举个例子，以前的老师是以词概括，在原有文章中找关键词，现在的老师是要用自己的话概括，类似有很多，我还没摸清她的规律。"

我哈哈大笑说："只能你右转，向她靠拢，我爱莫能助。"

毛豆说："我得慢慢并线，我是需要并到右转道上的啊。"

走到学校门口，我说："祝你取得好成绩，希望你可以继续玩。"我狡黠地笑。

他点头说："果断打灯一定要并线。"

我觉得做一个不干预司机的副驾驶是一件很棒的事情。发布月考成绩，他果然考得很好，事实上这是他的正常水平。而我依然要学会管好自己，不唠叨、不啰唆。虽然，我也觉得四年级的小学生应该学习很繁忙，至少看上去很繁忙。

有时不是事情本身让我们焦虑，而是我们的心情。看看吧，谁说在以作业多而著称的公办小学读四年级就要作业做不停，或许那是我们的一种心理需求，觉得那就叫努力，孩子默默感应到这种需求，就尽力配合，于是作业写得慢一点，家长就会满足。

事实上，高效地学习并不会太累，相反，会节约时间，提高效率，会让孩子有更多的时间去玩，去享受童年的游戏时光。

平时，毛豆作业还是挺多的，班里很多同学都在校外班专门写作业，他没有参加任何这类校外班，因为他觉得一来一回路上耽误时间，还得有时间限制。不如回家，自己安排课后时光。他享受拥有权利的感觉，他也珍惜自己拥有的权利。

而目前看他的语文成绩，应该也是渐入佳境吧。这让我很开心，学习终究是他的事情，我的能力和经验不能替代他的成长，再弱弱地说一句，我也给不了什么帮助，我觉得我和池老师估计看问题也不在一个路子上。

作为自己人生的司机，掌管好自己的方向盘，无比重要。

终究，我们是各自独立的人，我们有不同的人生，因为所处的时代不同，甚至作为父母未必能够给他最正确的建议。那么，不如选择坦然放手，保持爱和自由，每个人负责过好自己的人生，这也是一种育儿智慧。

6 良木

我愿做一棵良木，你需要时，我就在这里。

什么是最好的爱？这个问题没有唯一标准的答案。因为世界上没有两片相同的树叶，不同孩子的需求也是不同的。每个父母都是爱孩子的，我深信不疑。但您的爱恰如其分吗？您的爱是孩子所需要的吗？您的爱是一种营养吗？您的爱适度吗？

答案却都是未必。

因为没有任何一种技能是与生俱来的，爱亦如此，我们都需要学习、思考。

爱孩子是一种能力

心理学家研究发现，2 岁以后的孩子，对环境已经有惊人的反应和学习能力。他们对父母给予自己爱的举动，有自己的观察，有自己的体验，而且还会获取父母对他们的注意，"挑逗"父母对他们的爱。父母对孩子爱的表示也成为一种无言的教育，影响着孩子。因此，父母如何表示对孩子的爱，就是一个讲究适度的问题了。

很多家长对孩子无微不至地照顾，觉得这就是最好的爱。我见过一个母亲，每天给孩子的水果是定量的，多一片苹果不行，少一颗葡萄也不行。她严格地执行，并且把这种激烈的态度传递给孩子，似乎稍微不按量吃水果就是一种巨大的错误。她用刻度表一般的方式来养育孩子，我仿佛能感受到他们生活中无时无刻不存在的紧张感。孩子每天需要打卡一般准时醒来、准时睡觉，定时进行阅读和上课，每天吃什么、穿什么都由父母照顾好，如果孩子按照表格生活，他们就会微笑，孩子稍微表现出厌烦或是贪玩他们就开始摇头。孩子的确被充分照顾，但已经是没有自己思想的泥人，由父母捏橡皮泥一般塑造成型。

我不知道这样的孩子长大之后如何能有思考能力，因为，从小这项能力便已经被扼杀，我也不知道孩子的童年能否感受到无拘无束的快乐，还是他就这样被捆绑着长大。我想说的是，爱是一种能力，真正的爱，是要给孩子空间。

不要以爱为名，绑架孩子的生活。孩子是有独立人格和思想的。他需要的是一个有边界有分寸的空间，他不能越界，但在界限之内他要有选择的权利，这非常重要。

很多人都问我，孩子学儿童礼仪是不是被束缚和捆绑了，我说不是，儿童礼仪告诉孩子什么是对的，什么是错的，了解世界的规则，了解生活的规矩，但不会限制，甚至能教会孩子有礼貌地拒绝，有礼貌地表达自己的不同想法。

家庭教育同样需要有礼有理。

做会倾听的父母

"我的假期就这样结束了，我好不开心啊，怎么就开学了呢？"毛豆郁闷地唠叨。

"我抱抱吧，我理解你的郁闷。人生每个阶段都有不同的责任和担当，这是我们都需要面对的。"我说。

他窝在我的怀里，絮絮叨叨，基本意思就是假期的快乐还没有足够享受，怎么弹指一挥间就都过去了，繁忙紧张的学校生活又将开始，为何假期总是那么短，学期总是那么长。

我大部分时间在听，偶尔回应。

我想这是一个必然的阶段吧，谁不想无限延长快乐呢？而事实上我也不需要有什么说教，比如，你都玩了一个月了，你也该学习了，小学生就得上学……

因为我发现他的唠叨越来越趋向于自我的开导和说服，我只需要贡献我的怀抱和倾听就够了。

大道理他听过太多，什么都知道，他就是想说说自己的心情，那么就说吧。我所能做的就是安静倾听，然后点燃希望。他终于似乎自己把自己说通了，我们可以开始聊聊了。

"这个假期，你快乐吗？"我问。

"特别快乐。"他说。

"那我希望这次的快乐可以成为你面对紧张学习生活的基础，累的时候，想想度假的种种美好，生活就变得甜滋滋的。你期待下个假期吗？那就让暑假成为你紧张繁忙学习生活的糖吧，期待着、期待着，心情就会特别愉悦。每当你累了，就想想还有多少天你可以放暑假。"我笑着说。

我把他暑假写的日记拿了出来，和他一起看，就那么回忆着、憧憬着，不知不觉间愉快地转换了话题。

＊━━ ・ ━━ ・ ━━ ・ ━━ ・ ━━ ・ ━━ ・ ━━ ・ ━━ ＊

做能够保持分寸的父母

你能做到不干预孩子的生活吗？不对孩子的生活指手画脚吗？不打着关心的

名义问东问西吗？

讲倾听礼仪，我说，听是一种教养力，说是一种表现力。因为超越边界地说而给自己人生带来麻烦甚至失去性命的例子，莫过于才华横溢的杨修。

———·——●——·——●——·——●——·——●——·——●——·——●——·——

曹操平定汉中时，连吃败仗，想聚集兵队，怕马超拒守，想收兵，又恐蜀兵耻笑，心中正犹豫不决，看见汤碗中有鸡肋，便随口说："鸡肋！"。杨修听闻"鸡肋"二字，便让士兵收拾行装，准备撤兵。晚上，曹操绕着军营走，看见士兵都在准备行装。大惊，问原因，杨修用鸡肋的含义回答。

曹操大怒："你怎敢乱造谣言，乱我军心！"

结果，曹操以妄测圣意、扰乱军心之名，将杨修杀了。

———·——●——·——●——·——●——·——●——·——●——·——●——·——

对于孩子的小心思，你能偶尔装看不懂吗？当有人善意地掩盖时，你能偶尔装没看到吗？当有人发生尴尬时，你能偶尔将目光移开吗？

保持分寸，克己复礼。

———·——●——·——●——·——●——·——●——·——●——·——●——·——

毛豆有一周担任清晨的学校值周任务，我们出发时，天还黑着，7点钟的北京依旧夜色朦胧，我们在清冷的北风中行走。

我问他："如果有初中的哥哥姐姐没向值周生问好或者有不正确的行为，你会去管吗？"他义正词严并且一脸正气地说："当然会管，这与行为有关，与是谁无关。"

———·——●——·——●——·——●——·——●——·——●——·——●——·——

行为背后的力量是什么？是责任感。

其实，身为父母和教师，我们应该知道学生大多数的行为指南来自良好的人际互动、充分的信任。比如，毛豆担当值周生，来自这个身份的责任感。

真正能够为学生提供动力的是规则所基于的理念。毛豆坚定地执行，源于他认同早间入校的学校规则，比如，每个学生鞠躬向值周生问好，比如，少先队员应该佩戴红领巾，比如，小学生的仪容仪表应该体现少年风范，所以他坚定捍卫。

很多时候，当学生了解规则背后的理念，他们就更容易遵守规则，而且，当他们违反规则时也更容易接受结果。

行为背后的力量源自被信任、可理解、能认同，而非强制的命令。

做会鼓励的父母

因为另辟蹊径的解题思路，毛豆获得老师和全班同学的大力赞赏。事情是这样的：有一天，毛豆回来说，班级数学考试，有一道题全班有29个同学都不会，在答题顺利的学生中，他的解题思路又和常规方法迥然不同。老师把他的答题方式和常规解题方式放在投影上让全班同学判断，说把这样两种方式放在一起，就是一道新的题目，可以出现在卷面成为一道考题，然后请毛豆详解他的思路。

他由此获得极大的自信。我从他滔滔不绝的讲述中，目光中悦动闪烁的光芒中感受到了这一点。

我敏锐觉得这是一个机会，因为他尚未发现自己巨大快乐的来源。

第二天早晨，我说："你昨天很与众不同的解题思路被老师和同学认可，是不是比吃到你最喜欢的冰激凌还要快乐。"他点头，然后又滔滔不绝了，当然，最后他补充了一句说："我讲完大家都懂了，并不难，只是角度问题。"

我仿佛第一次听到一样，感受着他的快乐。

我说："别看这一道题，你讲完大家都豁然开朗，觉得并没有什么高深。但很多事情，就像一层窗户纸，无人捅破，你就无法窥得真面目，捅破之后觉得也不难，但谁来捅破，这是一个很了不起的能力。"

"你知道赵普吗？"我问。

"知道。赵匡胤的臣子。"毛豆答。然后我给他讲了"半部《论语》治天下"赵普的故事。我告诉他，《论语》并没有具体的行事步骤，但赵普在《论语》的格局和智慧中学到了了不起的治国之略。

我希望他明白，思路、角度、格局比步骤更重要。鼓励他在解题时能够有不一样的视角非常重要。

在我的《彬彬有礼在校园》里有一节课是"我爱学习"，其中很重要的一个部分就是激发孩子的学习兴趣之后，拥有能力所带来的成就感。我不讲大道理，什么学习有前途，考上好学校，在我的课程中就是通过引导学生感受到能力感所带来的由衷喜悦，让他们发现内心真正的心理需求，主动热爱学习。

如同在家，我对毛豆也是在感受方面进行引导，直到现在我也不知道他解了什么题，怎么解的，高明在哪里，他讲这个部分时，我觉得我的大脑是屏蔽具体内容的，因为，我真的有点听不懂四年级的数学啊……

我从不具体辅导他的作业，我只负责激发和引导，反而他的能力在不断增强。

人生，是这样：有能力更快乐。没有能力的片刻欢愉都缺乏根基，很难给心灵带来深层快乐和滋养。

做会放手的父母

一个很让父母头疼的事情就是：和孩子遭遇权力之争。

比如，家长要求孩子这样做，而孩子拒绝执行。家长感到愤怒再次强烈要求孩子执行，孩子则用抵触的情绪或顽皮的行为拒不执行，过程循环，双方情绪升级，最终陷入权力之争。

其实，我们最终的目的是让孩子有合理的行为。但我们往往陷入我是家长你必须听的权力感的追求中去。这个时候需要升级的其实是我们的心态，而不是问题本身有多严重。

很多家长都尝试制订计划让孩子能够有意义地度过假期，学习玩乐两不误，当然最好能够利用假期再把功课中的短板补上，这是家长的小心思。而孩子对于假期的理解是：终于放假了，我可以休闲放松一下。

比如，假期的某天早上毛豆说："我想先玩会 iPad。"当时我心里冒出一个小念头：一日之计在于晨啊。看着他，我想了几秒，说："你希望今天调整下顺序吗？"

他说："对呀，我玩一会再写作业。"

我说："好的。"于是我坐在他旁边开始看书，20 分钟之后，他结束游戏，开始写作业。

假期计划能否顺利执行取决于：第一，计划是孩子参与制订的，他能够接受，也符合他的实际情况。第二，计划的项目是共同确定的，但完成顺序可以由孩子决定。比如，早上起来先玩再学可以吗？当然可以，完全不影响结果，为什么不行，但我们潜意识的家长权力总是想在更多的地方执行自己的想法。第三，假期计划顺序可以偶尔调整吗？可以，毫无疑问，孩子也会有自己的心情和状态，还是那句话，只要不影响结果，调整就是允许的。

持续的权力相争只会让身为成人的父母看上去很愚蠢。

有时，我们的挫折感来自于意见被否定，但换个角度想想，只要结果符合预期，不就够了吗？家长"权力病"是时候治治啦。

所谓"良木"，不是指把孩子培养成材，而是做一个堪称"良木"的父母。或许最初我们并没有经验，但我们愿意去学习、去努力做一个智慧父母。我们有更多的学习机会，有更先进的教育理念，我们可以更轻松地做父母，这可能是我们和祖辈最大的区别吧。

不要以爱为名，绑架孩子的生活。真正的爱，是要给孩子空间。

7 儿童礼仪从家庭起航

什么是儿童礼仪

亲爱的爸爸妈妈和小朋友们，我想邀请你们思考并告诉我，你认为什么是儿童礼仪呢？

有些人会说：见到认识的人能懂得主动问候，长辈说话能够认真倾听，吃饭的时候不会满盘子乱挑，站有站相、坐有坐相，会说礼貌用语……

那么，你知道吗？这些明确的答案背后蕴含的其实是品德、教养和心态。所以，儿童礼仪从字面理解就是儿童在家庭、学校、社会的行为规范。而深层次的意义在于，所有行为的背后都蕴含着尊重心、恭敬心、感恩心和同理心。任何一个行为都不是简单的一个动作，一定有想法蕴含其中。

如果今天你的一个朋友开了一家公司，举行开业盛典，邀请你参加，请问你会不会思考要穿什么去参加呢？如果你穿得得体、隆重，你的朋友想必会非常开心，因为他感受到的不仅仅是你今天有多美丽，多帅气，他感受到的是你对他的重视。而你之所以精心打扮，庄重出席，也一定是因为你很重视他，很希望他的开业典礼隆重盛大且顺利。

所以，儿童礼仪所带给孩子的启迪与熏陶，绝不仅仅是他懂得问候，知道乘坐电梯应该左行右立，明白在公共场合需要排队。因为，每一个行为都不是一个动作而已，必定会有态度、意愿和想法来支持。

用一句简单的话来说明儿童礼仪，就是教会孩子怎么做最正确，让他知道什么是对的行为，什么是错的行为。懵懂儿童需要教导，否则他又怎会知道，因为他在公共场合大喊大叫，所以，大家才用嫌弃和厌烦的目光看他。他多么可怜，在所谓的自由成长中，就这样不知分寸，就这样让人侧目。

比如，当我们去一个城市出差，朋友请你吃饭，看到一个你从未见过的菜，并且有一个调料和容器，你不明所以。此时你最希望别人告诉你什么？是邀请你"快吃快吃，"还是说"这是我们当地的特色菜，这样吃最好吃"，并且边示范边邀请你吃？所以，你知道吗？每个人在面对不了解的事情和事物时都渴望知道究竟什么是正确的。

而现在很多家庭提倡给孩子自由，一切平等，殊不知，有时行为反而扭曲了自由的本意，变成了放纵和放肆。所以，别盲目顶着所谓自由的帽子做着放任的事情。要知道，我们不只要养育孩子还需要教育孩子。

过分的纵容、所谓的自由、无节制的放肆，会让孩子的童年充斥阴影，这种阴影来自不知"如何做会正确""如何做会更好"的茫然。

什么是对的，什么是错的，是孩子特别渴望知道的事情。

你有这样的体会吗？我们堵车在路上，如果跟在一辆大公共汽车的后面，感觉会非常不踏实。因为没有目标，不知道前方发生了什么，从而也会有强烈的不安全感。大多数人会选择变道，看看究竟发生了什么，想要知道前方拥堵的原因。

孩子也是这样。小朋友有时哭闹，不是因为淘气，而是因为想要引起父母的关注。但如果没有人指导或教给他表达希望得到关注的正确做法，他可能会一直用哭闹来唤起注意。但如果父母可以告诉他：想要爸爸妈妈关注的时候，请告诉我，比如想妈妈，希望妈妈抱抱，或是冲妈妈伸出你的双手，这样妈妈就知道你希望妈妈更多地关注你，而哭闹会让妈妈不知道发生了什么，还会让妈妈心情很糟糕。

身为成人，我们有时低估了孩子的智商，有时却又高估了孩子的情商。而每个孩子内心都渴望知道什么是正确的，怎么做才正确，所以，儿童礼仪就是帮助孩子从一开始就把事情做对，这样才有可能每一次都把事情做好。

儿童礼仪并不仅仅是表象所体现的站有站相、坐有坐相、会说礼貌用语，而是用行为去滋养内心。儿童礼仪是养心、养正、养志、养气的教育。会真诚地说"谢谢"的孩子，一定是拥有感恩心的；能够说"请"的孩子，也一定懂得尊重；会说"对不起"的孩子，一定拥有换位思考的能力；能够说"没关系"的孩子一定具有理解他人的能力。所以，播下行为的种子，其实会熏陶一种人生态度；播下语言的种子，能够培养道德素养；播下规则的种子，能够锻炼自控和自律能力。

儿童礼仪会给孩子带来什么

学习儿童礼仪会让孩子拥有自信

我一直认为获得自信有两个非常重要的基础，一个是有能力，一个是受欢迎。

没有能力，一无所长，又如何能够自信？学习儿童礼仪，让孩子开始掌握规则，拥有自我管理能力，知道什么是对的，什么是错的，这是一种能力，有能力才容易拥有自信。此外，受欢迎的孩子，当然也比较容易拥有自信，彬彬有礼的孩子会不会比较受欢迎呢？

有一次，毛豆告诉我他在班中人气很高。原来，他们班级每年评选校级"三好儿童"并不是老师指定，而是符合条件的学生接受全班投票。上学期他获得"三好儿童"，班里41位同学，他获得38票。所以，他很开心地告诉我他很有人气。要知道被别人认可是人类最基本的需求之一，每个人都时时渴望自己的行为被别人认同和支持。

彬彬有礼、落落大方，懂得遵守规则、尊重场合的孩子当然会比较受欢迎。

那么受欢迎的孩子从小接触到的目光是什么样的呢？是欣赏的、赞许的，请问在这样目光下长大的孩子是不是更容易感到自信。

而在列车上奔跑，在餐厅大喊大叫的熊孩子接触到的目光会是怎样的？嫌弃的、讨厌的、冷漠的、躲避的，请问在这样的目光下长大的孩子，它能够获得自信和快乐吗？

越早接受礼仪的熏陶，孩子也越容易获得快乐自信的童年。现在社会流传一种说法"关爱生命，远离熊孩子"，想必您一定不希望自己的孩子成为熊孩子。

学习儿童礼仪可以让孩子拥有自我管理能力

比如，学习排队，其实就学习了如何进行自我情绪的管理，不急躁、保持耐心、遵守规则。比如，儿童礼仪教孩子"置冠服，有定位"，让孩子学会每次回到家中将自己的外衣叠好放在固定的位置，他所学习到的绝不仅仅是把衣服每次放到哪里，而是自己的事情自己做。

儿童礼仪非常提倡的一个观点就是，把管理自己的权利还给孩子。毛豆曾经对我说"妈妈你真唠叨"，这让我很惊讶。自我评估，和一般的父母相比，我真的不算唠叨。但他仍然认为我唠叨，我想很大一部分原因在于我所说的语言，比如，刷牙时间太短了，怎么这么快就结束了；该关电视了，说好只看20分钟的；快点快点，我们要出门了。

我想，说教、唠叨，应该算是一种"家长病"吧。我们在一遍遍的唠叨中表达着爱与责任，表达着为人父母的权力与尊严。于是，我和毛豆讨论"以后我怎样才能不唠叨"。答案很简单："你自己若能自我管理，我就会管住我的'家长病'。"

自律无比珍贵，这会让孩子未来能够担负自己成长的责任。而他律则非常脆弱，一旦离开他律环境，孩子就有可能放纵自己。所谓他律，就是在父母的严格监管下孩子能够保持正确的行为。举个例子，孩子玩平板电脑，如果都是妈妈说"不能玩了，再玩眼睛就近视了"，一遍遍，孩子才关闭。但只要有个机会，孩子就会再玩，并且妈妈不在的时候会肆无忌惮地玩。

那么如何培养孩子的自律呢？就是不只是告诉孩子要怎么做，还要告诉他为什么这么做。

比如，我让毛豆每次认真刷牙3分钟，会讲解牙齿的生长和蛀牙产生的原因。告诉他牙齿是伴随我们一生的，好好爱护它，是为了自己以后快乐地享受美食。往往是这样，孩子有了目标和方向，也就愿意去做。

此外，要利用工具让孩子完成自我管理，而家长也要说到做到不唠叨、不赘述。

学习儿童礼仪让孩子拥有良好的道德修养

有些父母从孩子出生起，便事无巨细地包办、无微不至地宠爱、没有原则地允许。等孩子渐渐长大，却又慨叹我为他做了那么多，付出那么多，他竟然不懂感恩。

我想说，可能从小你便没有培养过他的感恩心，他又如何习得感恩呢？那么，如何培养孩子的感恩心呢？最简单的一个方法，大家试试，让孩子每餐完毕要诚恳致谢，感谢爸爸妈妈，感谢做饭的人。这样不是教会一句话，而是种下了一个懂得感恩的种子，要知道"言为心声"。懂得倾听，能够克制自己不随意插话，是不是在培养对人的尊重呢？培养感恩心不是母亲节端盆洗脚水，而是从每餐完毕致谢这样的语言和行为中滋养出的情怀。

我们非常想让孩子自信、自律、感恩、受人欢迎，但这并非一种美好的期待，需要切实有效的培养。我们所了解的孩子，没有一个人会说，我就想成为一个自私、无赖的人，我就是不管别人如何看，只图自己舒服就可以。大多数孩子如此无助不知道发生了什么，就盲目而行，不知道需要做什么，就任性妄为。

所以，学礼仪的孩子更具有尊重心、恭敬心、感恩心和同理心。

什么时候学习儿童礼仪

培养和学习儿童礼仪的关键期是8岁之前。这也是我多年进行儿童礼仪教学实践工作得到的结论。

在最合适的时候，进行最恰当的教育。8岁之前是生活习惯和学习习惯养成的关键时期，如果能够教会孩子正确的意识和规则，便能够让孩子在第一次就把事情做好，并且慢慢成为习惯。

所谓习惯，就是一种相对固定的行为模式。一旦养成这样的习惯，便很难改变。中国有句话说"3岁看大，7岁看老"，不无道理。从生理学角度讲，人类智力的发展是随着年龄的增长而呈递减规律的，一个人的婴儿时期是他的智力发展的最快时期。人在7岁以前的6年中，可以获得一生中60%左右的智力。因而，在这个时期，给孩子提供相应的适宜的环境，将对他的一生起着决定性的作用。从孩子3岁时的心理特点、个性倾向，就能看到这个孩子青少年时期的心理与个性形象的雏形；而从7岁的孩子身上，你能看到他中年以后的成就和功业。有一个研究实验，可以很好地说明这句话是有一定依据的。

1980年，伦敦精神病学研究所卡斯比教授同伦敦国王学院的精神病学家对1000名3岁幼儿进行了面试，根据面试结果，这些幼儿被分为充满自信、良好适应、沉默寡言、自我约束和坐立不安5大类。2003年，当那些孩子26岁时，卡斯比教授同精神病学家再次与他们面谈，并且通过这些人的朋友和亲戚进行了详细调查，结果如下：

当年被认为"充满自信"的幼儿占 28%。小时候他们十分活泼和热心，为外向型性格。成年后，他们开朗、坚强、果断，领导欲较强。

当年有 40% 的幼儿被归为"良好适应"类。当时他们就表现得适应能力强、自制，不容易心烦意乱。到 26 岁时，他们的性格依然如此。

当年被列入"沉默寡言"类的幼儿占 8%，是比例最低的一类。如今，他们要比一般人更倾向于隐藏自己的感情，不愿意去影响他人，不敢从事任何可能导致自己受伤的事情。

10% 的幼儿被列入"坐立不安"类，主要表现为行为消极，注意力分散等。如今，与其他人相比，这些人更容易苦恼和愤怒。熟悉他们的人对其评价多为：不现实、心胸狭窄、容易紧张和产生对抗情绪。

还有 14% 的"自我约束"型的幼儿长大后的性格基本和小时候一样。

我说儿童礼仪培养的最关键时期是在 8 岁之前，也是因为通过教学实践发现的这一特点和规律。8 岁之后，很多孩子的性格、习惯已经相对形成，很难改变，虽然说不是没有机会改变，或者说不能改变，但的确需要耗费巨大的精力。

卡斯比教授曾经强调说：在 0 ~ 3 岁，父母的期望、行为和一些生活标准会被孩子内化为自己的期望和规则系统。也就是说，此时父母的行为准则就是模板，它直接决定了孩子一生所依据的行为准则。父母不但要在这个时期关注孩子的行为，同时还要注意自己的一言一行。

儿童礼仪的教育如同孩子成长的一个根基，基础部分牢靠结实，决定了孩子将来的气质风格和高度广度。因此，儿童礼仪提倡在最适合的年纪给予孩子最适合的教育，培养好习惯，远比学习某项技能更重要。有了好的学习习惯，事实上，学习任何一项技能都会更加高效。

在中国有一个非常有趣的现象，幼儿园学小学的东西，小学学中学的东西，中学学大学的东西，大学生则学幼儿园的东西。现在很多大学生竟然不会待人接物，连起码的打招呼等礼节礼貌都不懂，不通人情。有知识没有智慧，有学历没能力，有文凭没水平，这样培养出的人才合格吗？

儿童礼仪培养孩子正确的行为习惯，换句话说，行为也是教养层面、道德层面最清晰的显性表现。

在最好的时间，给予孩子最恰当的教育和培养。礼仪的学习就是这样，8岁之前非常关键，这时的礼仪熏陶对于孩子而言是培养恰当得体的行为习惯，而8岁之后，一些不良的习惯已经养成，再进行礼仪教育难度颇大，因为那时其实是在纠正一些不良行为习惯。所以，大家可以想想，是培养一种习惯比较容易，还是改掉一些毛病比较容易呢？

比如，毛豆从1岁半开始就自己独立用餐，在他童年的成长过程中，也就养成了自己用餐的习惯。尽管在最初，他经常会用手吃饭，经常会弄到自己身上，撒到桌子上，但是，他的潜意识里知道，吃饭是自己的事情。当然在最初，他每次独立用餐完毕，我都会尽心鼓励，让他感受到自己是一个有能力的人，这也恰恰是培养孩子好习惯的一个方法。很多成人对孩子的包办和替代，恰恰把孩子的"能力感"给泯灭了，而我所知道的孩子，都非常希望自己是有能力的人。当然，这种能力并非单指某项技术。让孩子愿意成为有能力的人，还需要家长和教师及时的鼓励，让他在完成后有成就感。

因此，毛豆到现在为止，都是一个会独立用餐，在整个用餐期间都不会离开餐桌的孩子。他也从来没有被追着喂饭和边吃边玩的行为。

我们要将孩子培养成一个什么样的人？这是父母、教育者面前的一个宏大命题。

很多父母为孩子付出时间、放弃兴趣、爱好，却又没有得到想要的收获。孩子不领情、孩子不成材、甚至孩子在朋友聚会时都领不出去。

初为人父母，我们或许想要给孩子留下金钱。所以拼命工作努力挣钱，希望他以后能够衣食无忧，殊不知培养坚韧的品格才是衣食无忧的基础。

有些父母把大量的时间给了孩子，于是家里静悄悄的，不敢看电视，每晚陪伴孩子练习钢琴、学习英语，每个夜晚都有父母挑灯夜读辅导作业的身影。可是，各位知道吗？授孩子以鱼不如授孩子以渔。

与其去培养技能，与其奉献自己，不如先培养孩子良好的学习和生活习惯，礼仪就是教会孩子正确的行为方式和生活方式。有些家长说，学礼仪有什么用，也不能加分。那么，我要分享我们在北京对学习儿童礼仪小朋友的跟踪调查结果：学礼仪的孩子成绩都不差，在学校都非常受欢迎。试想，有专注力、有自控力、有自律精神的孩子，学习又怎么会不好？

我们希望孩子是一个快乐、自信、有责任感、有担当、有能力的人。但这一切都源于童年时的成长和影响。8岁之前，孩子的可塑性非常强，这时的他们愿意接受来自外界的各种信息，也是模仿和学习良好行为习惯的关键时期，因此，也是学习礼仪的最佳时期。一旦错过，很多不良习惯形成，再去纠正就会变得很困难。

很多家长说，自己的孩子在家中动不动就会打人，不尊重长辈，经常随意打外婆，虽然看上去不会打得有多重，但外婆也会心里难过。他送孩子来我们的儿童礼仪班，希望孩子真正拥有尊重心。两节课后，家长来问我，说孩子还是一言不合、稍不高兴就会动手，对外婆动手、对家中保姆动手，为什么上了礼仪课却没有改观。

我想说的是，他经常一言不合就动手，这个习惯您纵容了10年，我怎么可能两节课让他改掉？更何况，改掉一个习惯，要比形成一个习惯难度大很多。虽说亡羊补牢、犹未晚矣，但为何不在形成的初期就把它做对呢。

儿童礼仪教孩子第一次就把事情做对，第一次就把事情做好，这是一种非常高质量的学习方式，也是人生成长模式。当然最好的礼仪教养一定是父母和孩子共同的学习和成长，就让儿童礼仪在中国每一个家庭扬帆起航吧！

第二章

做个有礼仪教养的人

所谓人格教育，唯有落实到礼仪教育的实处，才能让这种抽象的教育目标分解为可实施的具体行为。

1 礼从敬中来

"礼"几乎涵盖了我们的生活，无论你所从事的职业是什么，也不分性别，不管你在哪里，礼，无处不在。

如果真的要用一个字来形容中国古代文化，想必非"礼"莫属。不了解礼，也就不可能真正传承中国传统文化，当然也无法真正理解中华传统礼仪的内涵——弘扬文明礼仪，传承礼仪之邦，这是民族的根。

东汉郑玄曾言"礼主于敬"。《孝经》中亦有"礼者，敬而已矣"的解读。

礼是调节人际关系，甚至是人际沟通的核心指导。缺少一份"礼"，人和人的沟通不是变得简单、直接，而是粗暴、任性。但礼不是一些简单的动作而已，比如我们会教孩子问候礼仪，但语言中若缺少了问候之情，问候也就如同鸡肋。很多次，我去校园，看到孩子们对老师的问候：站立歪斜、吊儿郎当，语言中更是充满随意感，字词含糊。这样其实是在走不得不做的流程。我要仔细辨听才知道他说的是"老师好"，初听之下以为是"老好"，连"师"字都不能清晰说出。

所以，不讲究礼仪不是率真，任意妄为不是直爽。心怀对人的敬意，才能使行为有温度。

礼仪之源

中华是礼仪之邦，儒家文化的核心就是"礼"。在中国几千年的文明发展中，影响最深、贡献最大的非孔子莫属，用钱穆先生的话说，是他指示了中国历史的进程，建立了中国文化的理想。

孔子最为推崇的人就是周公。《论语·述而》中，孔子曾经说："甚矣吾衰也！久矣吾不复梦见周公！"他说自己衰老得太厉害了，好久没有梦见周公了！孔子对周公可谓魂牵梦绕，以致后人尊孔子为"至圣"，而称周公为"元圣"，周公对孔子的影响至切至深。

因为周公制礼作乐，参酌夏与商的礼乐，因革损益，使其灿然完备。作为周朝江山社稷的奠基人，周公辅国安邦，创立典制，制礼作乐，其稳定和巩固周王朝统治之功彪炳史册。

周公开创了"制礼作乐"，同时其恭敬与谨慎是有名的，他独处时都非常严谨，后人形容他连夜里走路都注意自己的影子是否正、直。周公年轻时便渴求上进，十分谨慎地结交朋友，注意学习别人的优点。他想要兼学历代圣王，实践他们的勋业。他常常反复思考，甚至夜以继日，想通了便付诸实施。周公的切实努力，出众的天赋，后来孔子也对"周公之才之美"（《论语·泰伯》）倍加赞赏。

周公德才兼备，在翦灭商朝的过程中，周公是武王的得力助手。《尚书大传》说："周公摄政，一年救乱，二年克殷，三年践奄，四年建侯卫，五年营成周，六年制礼作乐，七年致政成王。"

据《史记·鲁周公世家》记载，周公曾经戒伯禽曰："我文王之子，武王之弟，成王之叔父，我于天下亦不贱矣。然我一沐三捉发，一饭三吐哺，起以待士，犹恐失天下之贤人。子之鲁，慎无以国骄人。"周公自己身份高贵，但为了接待来访的贤人，洗头时甚至多次束起头发，吃饭时数次放下饭碗，吐出口中的食物。正因为他能够敬重来求见的人，所以，隐居山林的贤者都出来了。

春秋末年，孔子"崇周"，向往"郁郁乎文哉"的"周公之治"，他孜孜以求的便是发扬周公的事业。

简而言之，礼，泛指合乎道德要求的行为规范，人们约定俗成的行为模式。但所有的行动都需要一种支撑的力量——"敬"。

克己复礼

礼的真正内涵，在于自己无论何时何地，皆抱着虔诚恭敬的态度。处理事情，待人接物，不论年方几何，都能够坦荡且严谨，做事有章程有规矩。

2017 年暑假，我带毛豆去阳朔旅行。

我和毛豆提前进行了预约，下午 1 点去坐竹筏，路上遇到一只孔雀。正午 12 点，流火 8 月，毛豆看见就乐了，开心地说："本来预约了中午坐竹筏还挺郁闷的，暴晒的节奏，但现在我心情好极了，如果不是中午的此刻，我又怎么能这么幸运看到孔雀啊，它是来接我的吧。"

我们知道酒店有十几只放养的孔雀，但真的没见过，以为只是传说。没想到这次一出门就在楼口看到，它还非常优雅从容呢，毛豆走近孔雀，看着它，孔雀也望着毛豆，不时淡定地踱几步。

毛豆拿手机给它拍照，孔雀不躲不闪，好像早就与毛豆熟识。

我远远看着，拍下他们的嬉戏。

突然，毛豆抬头问我："妈妈几点啦，我们是不是要去坐竹筏啦。"我说："如果你喜欢孔雀，那我们就不去了，我可以取消。"

毛豆说："预约好了，不能取消，本来人家预留我们的位置，我们不去，别人也没约到，太可惜了。"

话音没落，他就开始狂奔。

烈日之下，我们开始奔跑，那速度、那架势绝对有冲击力，赶到码头时，我已经接近瘫软，还好我们赶上了。

　　竹筏带着我们畅游，那个中午也因此变得跌宕起伏、妙趣横生。

— ● — ● — ● — ● — ● — ● — ● — ● — ● — ● — ● —

　　或许很多人觉得旅游不就是为了放松吗？没必要刻意遵守时间，但这样做，其实是对别人的尊重，也是对资源的珍惜。

　　其实，礼由心生，而后成仪。敬在其中，行为必端。

　　儒家非常注重自我的修养与成长。《论语·颜渊》中提到："颜渊问仁。子曰：'克己复礼为仁。一日克己复礼，天下归仁焉！为仁由己，而由人乎哉？'"孔子在早年的政治追求中，一直以恢复周礼为己任，并把克己复礼称之为仁。颜渊向孔子询问什么是仁以及如何才能做到仁，孔子做出了这种解释。所谓克己复礼，对于小朋友和家庭而言，就是严于律己。

礼，敬而已矣

　　君子浩海之气，不胜其大，小人自满之气，不胜其小。有时，人生就是你敬我一尺我敬你一丈。对人有敬，交往才会彼此有尊重。

　　我们常常觉得现在的孩子什么都不怕，不怕打不怕骂，哄也不行疼也白搭，其实，归根结底是少了一颗敬畏之心，即对人有敬意，对万物有敬畏。

— ● — ● — ● — ● — ● — ● — ● — ● — ● — ● — ● —

　　清朝康熙年间，桐城人张英官至文华殿大学士兼礼部尚书。邻居是桐城另一大户叶府，主人是张英同朝供职的叶侍郎，两家因院墙发生纠纷。张老夫人修书给张英。张英见信深感忧虑，回复老夫人："千里家书只为墙，让人三尺又何妨？万里长城今犹在，不见当年秦始皇。"

于是，张老夫人令家丁后退三尺筑墙。叶府很受感动，命家人也把院墙后移三尺。从此，张、叶两府消除隔阂，成通家之谊。

－·－·－·－●－·－●－·－●－·－●－·－●－·－●－·－●－·－

《周易》中曰："君子以厚德载物。"《论语》中说："躬自厚而薄责于人，则远怨矣。"也就是说，自己厚道做人，对别人少一份责难，才是人际和谐最好的方法。

《礼记》是儒家的经典著作之一，是百科宝典的依据。要知道它不只是谈论礼节的书而已，其中还涉及通论、制度、名堂、阴阳记、丧服、世子法、祭祀、吉礼、乐记等，但更强调个人修养、社会生活习俗、国家制度等。

《礼记》首篇即题：毋不敬，俨若思，安定辞，安民哉。寥寥数语，看似简单，细细咀嚼，行为却难。它的意思是做人做事要有"敬"心，容貌要庄敬、言语要谨慎。为政者，居庙堂之高，若能恪守，则天下太平，百姓相安。"毋不敬，俨若思，安定辞"，是一种修炼，且是一种具有传统文化涵养的修炼。

敬，首先是对天地万物的敬，对国家民族百姓的敬，对先哲长辈良师妻友的敬，也有对自己的敬，敬重自己的品行与身体，敬爱自己，才能对世间其他有敬，才能有孔子所说的敬畏天命。

培养孩子的礼仪，就是培养一颗有"敬"的心。

2 礼中有仁心

作为儒学的创始人，孔子不仅从方方面面论述"仁"，主张为仁行仁，而且希望整个社会都相互仁爱，上下协调。孔子认为，要实现"爱人"，必须遵循"忠恕"之道。"仁"的思想包括了对百姓的关心和爱护，包含了民本思想，也包括他所提倡的道德观和伦理观。

礼是仁的表现形式。子曰："克己复礼为仁，一日克己复礼，天下归仁焉。"

子曰："为政以德，譬如北辰，居其所而众星共之。"（《论语·为政》）在孔子眼里，"德"是政治的根本保障。孔子反复强调"仁"的过程，"德"则是实践"仁"的过程。因此，"德"的内涵侧重强调个人道德修养，是君子所应遵守的各种伦理道德准则。孔子的政治思想与周公的德治思想一脉相承。

德治思想只是周公为社会政治生活描绘的精美图画，要保障它的实施，必须有一系列制度和措施，这就是"礼"。"仁"为基础，"礼"为表现形式，周公制礼作乐，使礼制更加完善和具体化，这使周人的政治体现为道德与制度的合一，礼成为治国治民的大法，规范着全体社会成员的言行。

要知道，礼貌和教养不只是繁复或者简单的客套，不仅仅是站立左行的优雅动作，还有推己及人的善良和体谅。这考验的不只是情商，还有你的善心善行。内心有仁爱，对人就会友善平和。

在这其中具有关键影响力的便是"仁"，而我始终相信，真正的教育是培养孩子如何做人，而不仅仅是学到知识和技能。善良是人性中蕴藏着的一种最柔软，但同时又最有力量的情愫。

儿童礼仪是善良的、美好的、温暖的，因为儿童礼仪是表达对自己的尊重、对他人的尊重、对环境的尊重、对世界的尊重。所以，孩子也需要有爱的能力，而对孩子而言，他们的爱源自善良。

———————————————————————

一天早上，我去送毛豆上学，马路对面就是学校，他突然凑近我说："妈妈，我看到一棵树下有一个烟头，还在冒着烟。"那时我俩在路中间。

我说："好的，宝贝，你放心进校园，我会回去找到并熄灭。"

他点头放心走进去，和我飞吻挥手。

我沿着路往回走，走走停停地开始检查。我不知道我折返回来，烟头是否已经熄灭，但我需要认真检查，承诺他的，我得认真做到，即使熄灭，我也需要知道烟头在哪棵树下。

来来往往上学的孩子很多，而我一会垫脚一会弯腰，因为我不知道是哪棵树。

功夫不负有心人，我看到了一棵冬青树下依然燃烧的一个烟头。我把它熄灭，再捡起来拿在手里往回走，直到进小区看到垃圾桶，把它扔了进去。

如果一时找不到，我想我会把路上的烟头都捡了吧。重信守诺，是我应该做的。

因为他那么善良，我怎么敢欺骗。

———•——•———•——•———•——•———•——•———•——•———

我们希望培养有爱的能力的孩子，这一定是在善良这片沃土上才能生长出来的情感。

在《左转·隐公三年》中有："爱子，教之以义方，弗纳于邪。"爱孩子就要用正道来教导他们，不要让他们走上邪路。而礼仪更多的是培养一个正直、善良的孩子。礼有很多规则，如果能够遵循并实践，久而久之，外化于行，礼由心生。

礼不是虚伪的形式，礼中有"仁"和"恕"。

———•——•———•——•———•——•———•——•———•——•———

我和毛豆去逛商场，一层一层乘坐扶梯往下走，走到三楼时，却看到了电梯维修的提示。我俩面面相觑，然后不约而同地四处张望，当我们的眼神再次相对时，显露出来的都是迷茫和费解，因为目光所及之处，除了这个扶梯，并没有看到直梯和楼梯。我们俩对望一下，又心照不宣地开始张望，这一次，我们是在观察商场的各种标识，我们看到了洗手间的指示，但没有找到安全出口指示。毛豆说："妈妈，我去问问工作人员吧。"

他走向一位工作人员，问道："叔叔，这边的电梯坏了，请问我们怎么下楼啊？"

工作人员特别热情地说："小朋友，你一直往前走，看到那个'能效'了吗，走到那里后向右转。"

毛豆说："谢谢叔叔。"

我们走出了十几步后，毛豆突然咯咯笑说："妈妈，那个字是'率'吧。"我其实在工作人员指路的时候也听到了，也看到了"率"字。但我没说，我觉得无关紧要，不必特别指出，让对方难堪。对于他而言，应该只是顺嘴口误，也不至于不认识如此简单的字。但我特别感慨的是毛豆"讷于言"的善良。

我说："你刚才为什么没说，为什么走出一段路才说，是担心那个叔叔不好意思吗？"

他说："嗯，第一，我觉得我如果纠正说'是不是能率那里右转'，他应该会尴尬。第二，我不确定作为店铺招牌是不是会有这样特别的读法，所以现在我才和你说啊，但我觉得是他读错了。"

我说："你这是特别可贵的品质，不张扬他人的'难为情'。你知道，但为保护别人的尊严不说，这才是真正的'知'。"

———————————————

子曰："人而不仁，如礼何？人而不仁，如乐何？"孔子说："一个人没有仁爱之心，遵守礼仪有什么用？一个人没有仁爱之心，奏乐有什么用？"这句话用在今天家庭礼仪教育的实施中，是如此贴切。

3 礼中多少爱

内蒙古的多伦，是一个只有 10 万人口的小县城，假期，我和毛豆来到这里。城市干净整洁，空气中弥漫着令人舒服的气息。

擦肩而过朴实的笑脸，马路上几乎不需要红绿灯，湛蓝的天空，倔傲顽强生长的植物。

每天我和毛豆会去逛早市和夜市，有时花 15 元给手机贴个膜，有时 5 元买张未知歌手灌制的 CD，有时去买一袋"千层饼"。朴实的摊主，从不漫天要价，也基本不用砍价。

早市里有一样东西非常多——一把一把的干燥梅花，每隔几个摊位就会有人插在铁桶里卖，买的人也多。我很好奇，以为是什么节日的必备品，询问方知，只是干燥的梅花，可以摆放几年，装饰品而已。

突然有点被触动，多么美好的生活信念啊，与贫富无关，与职业无关，有的是对每日生活的期许和向往。

有人说，心若没有栖息的地方，到哪里都是在流浪。而他们每个人的脸上都有平和、安定、稳妥的气息，因为心有栖所。他们买着1.5元的粉条和10元一把的梅花，自在满足，轻松快乐。

我看到临街摆放的绿豆汤保温桶，上面大大的牌子，提醒大家暑天可以免费享用。保温桶非常干净，有时有清洁工人，拿了水杯过来取用。我不禁感慨：多么善良美好的小城居民。

毛豆走过去，看到清洁光亮的桶，看到保温良好的绿豆汤，他很想尝尝，但是他说："我不能喝，这是给有需要的人喝的，但我好感动，妈妈，你给我拍张照片吧。我特别喜欢这个城市，我也想做一个这么好的人。"

这是一个普通小城，但人和城都干净淳朴。

最好的教育就是润物细无声的，孩子尚未发觉，教育已经完成。带毛豆经常出去旅行，不是为了看名山大川而已，更多的是让他了解世界，了解不同地区人们的不同生活方式，看到人间的美好、善良、疾苦以及无奈。希望他时时保持敏感而柔软的心灵，去发现世间之美，滋养自己的心灵。

在小城里我们也经常逛夜市，一天，偶然发现一个很火爆的摊位是现场打印照片，毛豆看了很喜欢。的确，在有手机之后，我们拍的照片越来越多，拿到手里的却越来越少，有时很怀念用手摩挲着相册，想念那些故事的场景。

我打开手机蓝牙将照片传送给对方，他可以帮我们打印成我们自己喜欢的尺寸，然后封膜。白天和毛豆去了草原，我想把他在草原上的照片打印出来，于是我筛选了10张照片，毛豆也欢喜期待。老板说："你们先去逛一圈吧，估计得半个小时，因为前面还有几十张需要打印。"

我拉毛豆，毛豆不走，站在那里，说："妈妈，我想在这等着，我有点着急，我想看。"

我说："前面还有其他顾客的照片在排队呢，我们也得按照顺序来，站在这里还会让叔叔更着急，也没办法，要不我们逛逛吧。"

"可是我们已经都逛完了，这几条街道我们都走过了，我想等，我就站在这里不妨碍叔叔。"毛豆说。

转过头，他又对老板娘说："阿姨，我都逛完夜市了，我不给您添麻烦，我就站在这里等好吗？我特别想看看，谢谢您。"毛豆说这些话的时候一直看着老板娘的眼睛，特别真诚（当他说谢谢的时候听了会让你的心微微动，因为绝无敷衍，也不是形式化的流程，语言中也清晰透着拜托的味道）。

这时老板娘说："这孩子太善解人意了，阿姨让叔叔先给你打印，反正你就这10张，我们麻利点不会等很久，你就看着吧，是不是觉得很有趣啊。"

毛豆和老板娘开始有一搭没一搭地聊天，老板果然很麻利地打印、封膜、装袋，操作完毕，老板娘仔细塑封好递给毛豆。毛豆开心得笑容可掬，一个劲说："谢谢阿姨，谢谢阿姨。"

我们道谢离开，扭头看到老板娘也是心情极好的样子。

毛豆早早拿到了照片，一路一直看，特别喜欢。

所以，旅途有多么美好，很大程度上取决于自己。对别人和颜悦色，你所享受到的也大多是温暖的、美好的回报。

很多时候一个词，一句话，就能给旅途中的自己和他人带来好的心情。

"你好""谢谢""抱歉""对不起"，这些词语虽然简单，但很多时候就是这么神奇，它们具有瞬间改善彼此心情的作用。

原来爱就在礼貌里，而这种礼貌具有打动人心的力量。

《论语》说"礼之用，和为贵"，礼是调节人际关系，促进人际和谐的关键要素，我们希望世界是和谐的，而礼是最重要的修养。

子曰："非礼勿视，非礼勿听，非礼勿言，非礼勿动。"就是说不合乎礼教的事不能看，不合乎礼教的话不能听，不合乎礼教的话不能说，不合乎礼教的事不能做。也就是从眼睛、耳朵、嘴巴、身体等方面严格地管束自己，由外在规范熏陶自己。礼仪是一种智慧，虽然不是法律，但它是我们约定俗成可以操作的行为处事方法，可以让家庭践行，提高家庭教养。

在孩子幼年时期，通过礼仪的启蒙，让他接受人文熏陶、启迪智慧、修养德行、提升气质。久而久之，这就会成为教养孩子中最厚积薄发的部分，也是最具有能量的部分。

4 礼形成秩序

《礼记》中有"礼也者，理也"。在古人心中，礼就是理，是人们心中的道德尺度，也是社会共同遵守的法则。小到我们的家庭，各自有各自的责任、权利，而礼在家庭中最深刻的精神内涵就是培养有担当、有责任的孩子，这样，家才能有和谐的秩序：父母不越界，孩子不退缩，父母少干预，孩子学会对自己的行为负责任。

儿童责任感培养

谁动了我的奶酪？

人生很多时候，我们会沉溺在这就是我的奶酪的陷阱中，却忽视了作为主人的义务与责任。

昨晚，毛豆在英语学习群中录完英语，突然走出来对我说："妈妈，我看到我的魔

方群今天排在了前面，很活跃，我点开后很生气，为什么大家把你的饭团广告发到我的群聊里。"

我看着他，沉默了几秒。

我说："我懂你的心情，是不是感觉别人在你的群里发广告，让你很不舒服，甚至觉得凭什么？"

他说："是，这是我的群，为什么要在我的群里发广告。"

我说："作为群的主人是不是感觉很不好，有人在你的地盘喧宾夺主。这就好像你开的店铺别人却到这里卖东西，心情肯定很糟糕。"

他说："是啊，这是我的群啊。"然后重复絮叨……

"那我们来看看为什么会这样吧。群主，作为一个群的主人，一定有权利也有义务对吧？"我把他拉到我身边坐在沙发上。

"请问，群主，你在教完魔方后，有偶尔问问大家魔方学会了吗？还有哪些疑问吗？你知道吗，你地盘的人经常需要自己琢磨，互相帮助，他们有问题都是互相回答，所以大家都忘了你是群主啊。"

"也是，魔方教完后，我再也没有说过话，我以为大家都学会了。"他害羞地说。

"作为群主，你有权利不允许发广告，也有权利看到与你无关的消息不开心，但权利建立在责任之上哦。所以，现在你的群从品牌店铺变成了自由市场。"我笑着说。

"有没有老板被免职的感觉？"我又开玩笑。

这次，轮到毛豆沉默了几秒。

最后他说："想发什么就发什么吧，我也不能管。但是这个假期我要好好练4阶魔方，然后我要好好教魔方，让大家都学会。"

我说："我很期待哦。"

我们的聊天结束。

我们总以为自己理所当然拥有某些权利，某些地盘，某些朋友，某些利益。当被触犯时，第一个念头就是凭什么？为什么？怎么会？

殊不知，所有的权利都建立在强烈的责任感之上。并且如影随形，并非曾经有责任感，就会永远拥有权利。

一件事，一些关系，如同奶酪，你需要爱护它，才可能一直拥有。而这一次毛豆也意识到，权利与责任感其实始终如影随形。

因此，培养孩子的责任感，从日常的小事开始，让他明白，他所有想要拥有的权利都伴随责任。比如，很多小朋友都渴望养小动物或者尝试买种子自己种植植物，那么在购买之初就要珍惜这个培养孩子责任感的好机会，这不是多少钱的问题，而是对一个生命负责任的态度，任何一个植物和动物都有生命，喜欢它，购买它，就要照顾它。

因此，可以和孩子一起建立一个计划表，列个小小计划，贴在孩子方便观看的地方，比如每天喂食几次，几天换水，或者每日对小动物问候和道晚安等。

为自己的行为负责

毛豆希望自己在家中有机会做决定，并愿意为所做的决定负责，这点我很赞同，我唯一对他的告诫就是：每个人都需要为自己的行为负责。即使犯了错误或失误也没关系，自己能够积极主动承担结果，并尽力解决和弥补就行。

因此，毛豆 2 岁多时我就很认真地对他说：“要为你的行为负责任哦。”有时他摇摇晃晃端着水，小胖手捏在杯子靠近底部的位置。我说：“这样拿杯子水会洒，手往上拿一点会稳妥，靠近杯子上部。”我做示范给他。

他问我：“妈妈我不可以这样拿吗？”

我说：“我给你的是建议，不过你想按照你的方法也可以，只不过洒了水自己任何一个植物和动物都有生命，喜欢它，购买它，就要照顾它，这是一个对生命负责任的态度。

擦就行，自己为行为负责任。"

很显然，他端着走的时候洒水了，他放下杯子就去拿布来擦桌子，很自然也很自觉。

———•—•——•———•——•——•——•——•———•—•——

毛豆的英语期末考试要进行英语口语测试。他的英文兴趣班老师在群里发消息@我：英语培训中心得知三年级学生将进行英文期末测试，将为在中心学习的孩子进行免费口语辅导，提供针对考试的复习材料。

我看到消息，问毛豆："你需要去吗？你评估一下你的准备情况，如果需要，我就送你过去，如果不需要，你就自己复习。"

此刻，他在打游戏，这是他每天雷打不动的 20 分钟游戏时间。

他马上暂停了 iPad，从书包拿出了英文备考材料，通篇浏览后说："妈妈，我不需要。"

我连头也没回说："好的，那我回复说你自我评估不需要额外辅导，谢谢老师，好吗？"

他说："好。"然后继续游戏，我继续看书。

游戏时间结束，他合上 iPad。

我问："妈妈很好奇，你刚才是怎么评估和确定自己需不需要辅导的？"

他说："我刚才看了一下材料，所有的单词我都认识，我只需要一会反复朗读直到熟练就可以啦。"

"哈哈，你的评估很科学，方法很实际哦。"我笑意盈盈。

———•—•——•———•——•——•——•——•———•—•——

当然，我不会盲目赋予他权利，像是否参加临考前额外辅导的权利，是基于他从小养成的对自己行为负责任的习惯。

那么，如何培养孩子的责任感呢？

责任感来自信赖

充满信赖的提问会促进和激发孩子的能力感。我请他做自我评估，我便信赖他的评估结果。不设陷阱式问题，比如，"你是不是应该去英语中心"这样的带着答案的提问对已经自我努力的孩子是一种不信赖，他会觉得努力没有意义。

从小事培养孩子为自己做主的能力

让他拥有独立面对事情的能力，比某件事情处理得是不是完美更有价值。当然最初的"做主"练习，可能是从他是否吃饱开始。所有做重大决定的能力和习惯，都是从小事中习得的。

毛豆小的时候，可以自己决定是否吃饱了，如果某日他吃得不算多，但他说吃饱了，我不会觉得今天白忙了半天，做了我认为他喜欢吃的东西，他却没吃多少。我知道，每个人都有饭量好或胃口差的时候，不过，我只需要毛豆做到一点：饭后没有零食，我也不会再重新给他做饭。礼仪不是扼杀孩子的思考和行动力，像个提线木偶一样生存，而是教会他更好地认知世界，理解规则。有自己的想法，也有行动的界限。

试试吧，让孩子拥有权利，即使最初他做过不负责任的决定，我们可以通过事后的分析和讨论，以及结果，让他思考和学习。

小胜靠智，大胜靠德。信赖孩子，从给予孩子权利开始，让孩子有机会参与选择，这样家里才会形成良好的家庭秩序，每个人都有机会表达自己的想法和感受，每个人都要为自己的行为负责任，有礼有理。

　　培养孩子的责任感，从日常的小事开
始，让他明白，他所有想要拥有的权利都伴
随责任。

5 礼带来快乐

子曰：不学礼，无以立。但很多父母担心学过礼仪之后，孩子就变得委屈自己，成全他人，会活得小心翼翼、唯唯诺诺。事实上，礼仪很柔软，但很有力量，孩子因为知道怎么做会更好，怎么做更得体，反而会更自信、更快乐。

人常常因为迷茫才怯懦，因为不懂才会畏首畏尾，所以，礼仪清晰地让孩子了解事情的分寸与边界，如同奔驰在高速路的汽车，因为两旁有护栏，即使车速很快，依然让人内心觉得很踏实。

孩子在童年最珍贵的教育就是礼仪，它可以培养孩子健全的人格、独立而自信的品格、良好的情商与自我管理能力，还能够让孩子学会快乐的能力。因为每个人都喜欢和彬彬有礼的人打交道，有礼貌的小朋友是不是更容易收获别人的微笑呢？一个生活在微笑世界的孩子，是不是很快乐很自信呢？

快乐会传染

我们不是因为感到幸福才会微笑，而是笑着笑着就幸福啦。这句话特别适合旅行的时候一直揣着，因为你若把笑脸给旅途中的人，你能感受到的快乐，你能

　　孩子在童年最珍贵的教育就是礼仪，它可以培养孩子健全的人格、独立而自信的品格、良好的情商与自我管理能力，还能够让孩子学会快乐的能力。

传播的快乐，你能蔓延的快乐会更多。

— • — •• — • — •• — • — •• — • — •• — • — •• — • — •• — • —

带毛豆去一个海岛旅行，每天遇到的酒店工作人员都会和我们打招呼问候。对此，我们习以为常，在国内很多酒店都可以做到主动问候客人。所以，我们每天也会礼貌地回应。

突然有一天，毛豆问我："妈妈，你发现了吗？这个酒店和其他地方不一样，他们每个人都笑得特别灿烂，你看，牙都露出来，挥着手和我们打招呼，他们怎么每天都笑得那么开心啊……"

我特别留意了一下，真的，普普通通的一句问候，但他们每个人都带着一种由衷的灿烂心情，仿佛是在问候客人，又仿佛是他们自己快乐心情的一种流露。毛豆说过以后，我也发现每次和他们互相问候过，我俩也是眉开眼笑的，笑容和快乐一直在蔓延。

同样是回应酒店工作人员的问候，但和其他地方不一样的是，我们在此处的回应格外热烈，每次挥手道别之后，我们俩的嘴脸还有晒不化的笑意。

来海边休闲旅行是件多么放松惬意的事情啊。然而很多人却在旅途中自己踩碎唾手可得的快乐。

一对父子在大海边争吵，孩子惧怕海的广阔无垠和一波波涌动的海浪，而父亲觉得来了海边，不去大海中湿湿身好像不曾来过大海。

孩子最乐意的是玩沙子、建沙堡，甚至在海边捡碎裂不完整的贝壳。父亲一脸铁青，孩子惊恐，不知所措。

好好的旅行，只剩下两张没有半点阳光的脸孔。

服务生过来询问是否要点些饮品，父亲不耐烦地摆手仿佛驱赶苍蝇，脸阴沉得像随时会下雨的天空。孩子小声说想喝果汁，服务生停下正要走的脚步，父亲大声喝止，孩子的脸瞬间泪如雨下，服务生赶紧离开，脸色黯淡。

———— • ———— • ———— • ———— • ———— • ———— • ———— • ————

谁不想有段快乐的旅途呢？可是换个角度想想，哪个人又能对着一张冰冷的脸微笑得出来呢。作为旅行者，自己如果能够微笑着去旅行，最终收获更多微笑的也一定是自己。因为每张笑脸背后都是一个豁达的心境，珍惜自己的每分每秒，越微笑越好运啊。

美好的心情不会凭空而来，在于自己的心境心态，所以让微笑充满生活，时光才会有旋律。

向前看——更轻松快乐的秘密

任何时候都不要纠结在已经发生的错误里，尤其不要陷在这种情绪里，而是向前看。我们最需要知道的是错误发生的原因，下一次规避的方法。至于百折不挠地沉浸在悲伤的情绪里则是愚蠢的，这会消耗自己的能量。

永远要问自己，现在我可以做什么，而不是一再懊恼，我怎么会错，我为什么又错了……

———— • ———— • ———— • ———— • ———— • ———— • ———— • ————

毛豆拿回之前的测验试卷，有点小郁闷，他又在写答案时把自己列的算式中的9，抄成了0。

当他表达自责和沮丧时，我说："亲爱的，这张卷子过去了，我们要迎接的是之后的期末考试。"

一句话，向前看，别向后看，已经发生的不需要长时间沮丧，只需要找到问题症结和解决方法。

我问："你理解错误的原因了吗？找到解决方法了吗？我们一起来看看下次怎样做会更好，我陪你寻找解决方法。"

他说："我知道了，我下次考试会这样做……"

我说："好了，没问题。你先玩 20 分钟游戏吧，开心一下。等会安排好今天的复习计划，好吗？"

他每天放学回来的计划表都是自己定的。先玩 20 分钟游戏，之后吃水果、喝水，和我聊聊今天发生的事情，比如足球比赛守门员一脚把球踢在了身后，比如他这个后卫因为场上没有前锋，只能顶上等。然后完成学校作业，晚饭后完成家庭作业和课外班作业，睡前有一小时的亲子娱乐时光。

他每天的计划从无例外，如常执行。但我允许他自己排列做事的顺序。

他开心玩过游戏，开始认真复习。

我教给毛豆的思维模式是向前看，不向后看。我常常告诉他人生最需要的能力是面对问题和解决问题。

我们不可能每天没心没肺地傻笑，但我们可以智慧和辩证地面对遇到的问题和困难，找到问题的正确解决方法。教会孩子向前看，这是调整心态的重要方法。

快乐能成为一种习惯

你经常可以看得到我的笑脸，不是因为我每分每秒、每时每刻都快乐，而是因为这是我的人生态度。

只要面对毛豆我都是一脸欢愉，不是因为他从不淘气，而是我懂得理解。刚刚他把一个毛绒玩具扔向我，他潜意识以为我会接住，但我正在看书，玩具擦过我的耳畔掉在地上。

我笑而不语。他讪讪地说："我想淘气一下。"我说："好啊。"

我去上课，除了讲课，其他时间我就在拍照，陪学员拍单人照、双人照、小组照，他们说："老师，你怎么拍都好看。"我想，不是我好看，而是我每张照片都笑得灿烂，我知道学员喜欢，所以我也喜欢。人太多队伍太长时，整个课间我都不曾离开讲台，拍照结束立刻上课，都没有时间拿起水杯，可我真的很开心，不曾敷衍、不曾厌烦。

你最经常的表情终将雕刻在你的面孔里，所以，有人说，14 岁的时候你不美丽，可以怨父母，但 40 岁的时候，你不美丽，只能怨自己，因为相由心生。

而在平和乐观家庭中长大的孩子，也会有非常强大的思考力、自信心，同时也会非常有主见。

渐渐地，毛豆也这样微笑面对生活，焦躁时第一时间自己会找到轻松的理由，与其说最初是模仿，不如说变成了我耳濡目染的影响。此刻，他又在写作业，表情平静而专注。某刻抬起头看到我，还会给我一个飞吻。

生活中不止阳光，还有疾风劲雨，你需要拥有的是微笑的态度。

6 礼就是教养

对于今天的儿童教育，我们似乎都倾注了自己的全部期望，很多父母花着大力气让孩子上各种课外班，让他们学习绘画、钢琴、奥数、作文、英语，没有时间也没有精力去关注孩子的人格教育，因为他们觉得这方面的教育无法立竿见影，也没办法具体量化。但你是否知道，未来决定孩子命运的，很大程度上是一个人的情商和社交商，对其影响巨大的则是个人的礼仪教养。

所谓人格教育，唯有落实到礼仪教育的实处，才能让这种抽象的教育目标分解为可实施的具体行为。

一个人的知识和技巧是人生的宽度和广度，相比较而言，这是一个平面的范畴，素质和教养是人生的深度，是立体的，二者相加共同构建了生命的多维度，这样生命才是完整的。《三字经》里有一句话"性相近，习相远"。每个孩子出生时并无太多不同，后天的培养和教育使孩子有了很大的不同。《周易》云：谦谦君子，卑以自牧。君子以谦卑来自我约束。而今天，物质的繁荣充足却没有提高公民的基本素养，所谓君子，所谓淑女，其实首先要有一颗纯良的心。

教养从小事开始。我们每个人都可以先从以下这5点开始，提升自己的礼仪

所谓君子，所谓淑女，其实首先要有
一颗纯良的心。

素养，这 5 点不仅仅针对小朋友，其实对成人也非常适用。

置冠服，有定位

让孩子从小学会自己的服装、玩具要放在固定的位置，哪里拿的东西也要放回哪里去，这样做不仅仅是教会孩子自己的东西放在固定的地方，更重要的是培养一种自我管理精神，自己的事情自己做，自己为自己负责任。

毛豆上小学第一天，我就把单人沙发留给他放上学的物品，比如书包、红领巾、小黄帽。他每天放学回家，会将校服脱下叠好摆放在沙发上，因为在秋冬季节他的校服外套也不是天天洗。他现在上小学四年级，因为从上学第一天就养成所有上学的衣物、书包等都放在单人沙发上的习惯，所以，他从未发生过上学忘记带红领巾、小黄帽、铅笔盒等事情。

千万别小看这个行为习惯的培养，它的背后，在于培养孩子的担当、责任和自我管理。因此，我们之间也从未发生过，他上学忘带东西而嗔怪我没有帮他放好之类的事情。

有称呼，再开口

你有没有过这样的糟糕体验，有些孩子和你说话，连叔叔阿姨都不叫，直接就是"给我拿一个""我也想要""我要喝水"。

那么，养不教，谁之过呢？

这是家长的责任，没有给孩子养成良好的语言表达模式。从孩子牙牙学语，父母就应该让孩子养成习惯，有需要时，先称呼再说要求。比如，"妈妈，我要喝水""阿姨，我想玩一下滑梯""叔叔，你能扶我一下吗"等。有称呼再讲话，这是对人的基本尊重，如果孩子从小养成这样的语言表达模式，对于孩子的成长其实是一笔财富，想想会有多少人因为他这样有礼貌的称呼而给予帮助和支持呢？

身在职场，如果有人直接对你说"给我复印一下"，请问你的感受怎么样？

那么孩子呢？懵懂无知的孩子，如果有幸，从小学会的表达是先称呼再表达，那么他长大身处职场的时候，自然的表达习惯可能就是这样："××姐，给我复印一下好吗？"想必同事定会给予支持。

怡吾色，柔吾声

经常在公共场合会看到大喊大叫的小朋友，曾经看到一个评论说，应该在高铁上专设一个熊孩子车厢，让他们互相伤害，而不是用尖利聒噪的声音伤害整个车厢的旅客。有人这样写："即使是中午，这些孩子们也在大喊大叫，有时一言不合就开始哭闹。还有一个小朋友，吵着要吃哈根达斯，售卖的服务员还没有离开，因为没有给他买，这个孩子就打了自己的母亲一个耳光……"

其实，孩子从小应该学会的一件事情是，想要证明自己是对的，想要得到支持，想要反驳他人的意见，需要的是道理，有理不在声高，声高反而底虚。《弟子规》中有说，父母未必永远正确，那么小朋友可以表达不同的观点，或者给父母提意见，但在这之前非常重要的是"怡吾色，柔吾声"，表情平和，语气柔和。尊长前，声要低，也就是不可以和父母大喊大叫。要让孩子学会用平和的语言表达自己的观点。

有一次，我和几个朋友聚会，我们都带了孩子，我想这是常态妈妈们的聚会，一定得带着孩子。当时在餐厅，先上来的是凉菜，因为有小朋友，所以就点了水晶山楂，这道菜也是第一个上来的。其中一个小朋友一见到就开心地说："我喜欢"，然后就用手抓了两个，甚为尴尬，因为其他小朋友都没有动手。此后上来的每一道菜，他都会大呼小叫地去抓，并且会把转盘先转到自己面前。我想这样的场面你或许也遇到过。真不敢想象，这样的孩子，在家中遇到好吃的食物会分享给父母吗？如果父母不能满足他的某些需求，他能够理解吗？

长者先，幼者后

我们现在做个小调查，3岁以上的小朋友，有多少人可以做到吃饭的时候，请父母或尊长先动筷子吃第一口食物，然后自己才开始吃饭的？不是某次做到或一次做到，而是每次都可以做到？

很多父母会说，现在的孩子不懂感恩，没有规矩，那么感恩和规矩如何去教呢？讲"香九龄，能温席"的故事，你可能会说，我舍不得，现在也不需要。那么你从来没有去教，请问孩子又如何能够习得感恩这种美好的情感呢？

任何一种情怀都需要去启迪、去练习。从小教会孩子，很多事情"长者先，幼者后"，这种蕴含尊重的行为很重要。尊敬长辈，所以用餐要请长辈先动筷子，行走的时候，进入电梯的时候，都要做到"长者先，幼者后"。想想这些行为如果孩子可以做到，并且持之以恒，又怎么会不尊重父母，不尊重长辈呢？别说孩子没教养，不懂尊重，其实，有的时候是家庭教育的缺失，没有人指导他，他又怎么会凭空习得？

我们和孩子们去建立一些礼仪的规则，并不是为了束缚孩子的天性，事实上，在参与规则建立的过程中，孩子们学会了思考，学会了对行为边界的理解，这是在鼓励孩子做正确的事情，鼓励他们学会自我管理，有所约束，增强自控力。

无论何时，毛豆吃饭，都一定会说"请妈妈先来"。有一次，我和一个合作伙伴谈事情，菜上来了，我们都没有留意，过了好一会我才发现，毛豆还没开始吃，我说："宝贝，你先吃吧。"他说："得要你们先动筷子啊。"我们不禁笑了，拿起了筷子。

很多事情一旦成为习惯，就很难再改变，所以，我常说，让孩子学会第一次就把事情做对，第一次就做好，多么重要，省心省力。

能说"请"，会道"谢"

— · — · — ● — · — · — ● — · — · — ● — · — · — ● — · — · —

一次，苏轼在莫干山游玩，甚是疲乏，打算休息一会儿，便走进了一座庙宇。主事老道见苏轼衣着简朴，便冷淡地指了指椅子说："坐！"然后，对道童喊"茶！"苏轼坐下和老道闲聊起来。从谈话中，老道发觉来客颇有才华，非一般书生，即把他引至大殿，客气地说："请坐！"又对道童说："敬茶！"两人又谈了起来。老道愈发感到来客知识渊博，聪慧过人，不禁问起他的姓名来。这才知道此人竟是名扬四海的苏东坡。于是，连忙站起作揖，把他又让进客厅，恭恭敬敬地说："请上坐！"又对道童说："敬香茶！"苏轼告辞时，老道恳求他写字留念。苏轼一笑，挥笔题了一副对联："坐，请坐，请上坐；茶，敬茶，敬香茶。"老道看罢，不觉脸上火辣辣的。

— · — · — ● — · — · — ● — · — · — ● — · — · — ● — · — · —

别小看一个"请"字一个"谢"字，它们的背后是孩子对人的一份尊重和感恩，是绵厚的美好的情感。

教养不是天生的。一个小朋友如果没有人教给他良好的习惯和有关的知识，他必定是愚昧和粗浅的。当然，这个"教"是广义的，除了指入学经师，也包括家长的言传身教和环境的耳濡目染。

教养不可一蹴而就，它是潜移默化的，具有某种坚定的流传性和既定的轨道性。让孩子学习礼仪，成为一个有教养的人吧，这是他童年能够拥有的，受益一生的最好的礼物。

第三章
礼仪践行在家庭

家有家风，家有家训，家才能够有强大厚重的根基。

1 家风与家训

一次，我给小学生们上课，我问了大家两个问题，却回应寥寥，很多孩子直白地告诉我，家里没有，也没听说过。

第一个问题是：你们家有家风吗？

第二个问题是：你家有哪些家规，来和我们分享一下？

记得我小的时候，家里是有明确家规的，父母尽管没有很高的文化素养，但他们却具有良好的道德修养。"诚信"是对我影响最深的一个品质，也是父母对我影响最大的一个品德。承诺自己可以做到的，不轻易承诺，不随意承诺。现在想想，这不就是"君子欲讷于言，而敏于行"吗？表达方式不同，但核心内容完全一样，所以，家要有家风，无关贫富、无关文化程度。

什么是家风？**家风就是一个家庭的风气、风格与风尚**。一个人的思想、生活习惯、情感、态度、精神、情趣及其他心理因素等都能体现出家风的传承。

举个例子，小的时候，每个来到我家的人，都会爱上我家的待客氛围。因为不论是谁的朋友来做客，我们都需要全家人一起到客厅热烈欢迎。记忆中有位王叔叔每次来家里，妈妈都会大声说"亚飞，你王叔叔来啦"，我不管在哪，也不管在做什么，都需要跑出来热情地说："王叔叔，您来了，我给您倒杯水。"王叔叔走的时候，妈妈又会大声说"亚飞，你王叔叔要走了"。这时我又需要从院子里跑回屋，说"王叔叔，您这就走了，不再坐会儿？"

有时我想，我现在从事礼仪培训工作其实和我从小的生活环境有很大的关系，因为从小就在一个热情的家庭中长大，耳濡目染就是对人要热情友善，这其实不就是礼仪的一个重要部分吗？

家风是一个家族代代相传沿袭下来的体现家族成员精神风貌、道德品质、审美格调和整体气质的家族文化风格。家风对家族的传承、民族的发展都起到重要作用。这种传承更多来自耳濡目染，而非教导或训斥，并且具有一旦形成则很难改变的特点。我们经常会说，一看这孩子就来自一个有教养的家庭，一看这孩子就出自书香门第，说的其实是家风在一个人身上的体现。

86字的智慧

家训是指祖父、父亲对子孙后代的一种训示教导之辞，用以规范、处理家庭内部事务。古时家训也被称为"庭训"。我国的家训初创于先秦两汉时期，发展于三国两晋至隋唐时期，成书于宋元明清时期。

诸葛亮的《诫子书》曾经是我每日清晨吟诵的作品，甚至成人之后，每每诵读都能感受到能量和勇气。他是一位品格高洁、才学渊博的父亲，对儿子的殷殷教诲与无限期望尽在此文中。全文通过智慧理性、简练谨严的文字，将普天下为人父者的爱子之情表达得非常深切，成为后世历代学子修身立志的名篇。

诸葛亮一生为国鞠躬尽瘁，死而后已。他为蜀汉国家事业日夜操劳，顾不上亲自教育儿子，于是写下这篇书信告诫诸葛瞻。

"夫君子之行，静以修身，俭以养德。非淡泊无以明志，非宁静无以致远。夫学须静也，才须学也。非学无以广才，非志无以成学。淫慢则不能励精，险躁则不能冶性。年与时驰，意与日去，遂成枯落，多不接世，悲守穷庐，将复何及！"

君子借宁静来提高自身的修养，以节俭来培养自己的品德。不恬静寡欲无法明确志向，不排除外来干扰无法达到远大目标。学习必须静心专一，而才干来自学习。所以，不学习就无法增长才干，没有志向就无法使学习有所成就。放纵懒散就无法振奋精神，急躁冒险就不能陶冶性情。年华随时光而飞驰，意志随岁月而流逝。最终枯败零落，大多不接触世事、不为社会所用，只能悲哀地坐守着那穷困的居舍，其时悔恨又怎么来得及？

这篇文章作于蜀汉建兴十二年（公元 234 年），是诸葛亮晚年写给他 8 岁儿子诸葛瞻的一封家书。古代家训，大都浓缩了作者毕生的生活经历、人生体验和学术思想等方面的内容，不仅他的子孙从中获益颇多，就是今人读来也大有可借鉴之处。三国时蜀汉丞相诸葛亮被后人誉为"智慧之化身"，他的《诫子书》也可谓是一篇充满智慧之语的家训，是古代家训中的名作。文章阐述修身养性、治学做人的深刻道理，读来发人深省。它也可以看作是诸葛亮对其一生的总结，后来更成为修身立志的名篇。

《诫子书》的主旨是劝勉儿子勤学立志，修身养性要从淡泊宁静中下功夫，最忌怠惰险躁。文章概括了做人治学的经验，着重围绕一个"静"字加以论述，同时把失败归结为一个"躁"字，对比鲜明。

1400 多年的影响力

在家训的发展时期，颜之推所著的《颜氏家训》称得上是这一时期的代表作

家训，是一个家庭血脉传承的重要方式。

品。他根据自己的实际经历，系统总结出一套教子经验，内容涉及比较广泛，甚至对当时的社会、经济、文化、风俗都有所反映，在我国的家训史上有着举足轻重的作用，充分体现了教育子女方面的智慧和经验，是一种独特的文化形态。

南北朝时期，颜之推的先人跟随东晋渡江南下，定居在建康。侯景之乱时，随着世事动荡，颜之推成为西魏的俘虏，随西魏大军西去，为了返回故乡，颜之推偷渡过河逃亡北齐，然后就一直孤身居住在北齐。后来，北齐被周朝灭掉，隋朝又灭掉周朝，颜之推又在隋朝为官。《颜氏家训》就是在隋朝灭亡陈朝之后完成的。

颜之推一生历经战乱，经历坎坷。他深谙南北政治，钻研当世学问，有自己独特的见解，《颜氏家训》这部作品也因此始终被重视。他之所以写这部书，是希望能够整顿家风、教导子孙。

颜之推对儿童的早期教育非常重视，认为"教妇初来，教儿婴孩"，幼儿时期没有接受良好的教育，等不良习性养成之后，就很难再纠正过来，他认为父母在教育过程中应当"威严而有慈"。他说：吾见世间，无教而有爱，每不能然；饮食运为，恣其所欲，宜诫翻奖，应诃反笑，至有识知，谓法当尔。骄慢已习，方复制之，捶挞至死而无威，忿怒日隆而增怨，逮于成长，终为败德。孔子云："少成若天性，习惯如自然"是也。意思是：看见人世间，如果父母只爱儿女而不教儿女，不懂得对子女的教育却对其无比溺爱，并且每次都不以为然，饮食行为，肆意放纵。该惩戒的反倒是夸奖，该呵斥的反倒是微笑，到子女懂事时，还认为道理本该如此。子女习惯了这么骄慢放纵，然后才想去制止，就是将他们打死也不能再建立父母的威信，父母越来越愤怒而子女则越来越怨恨父母，及至子女长大，最终变成道德败坏之人。孔子说："少成若天性，习惯成自然"，说的就是这个道理。

颜之推这段话，对今天的父母也极具教育意义，1400多年了，很多教育孩子的观点依然适用。

一个家庭需要有文化的传承，孩子们如果能够在童年时代，接受到一致性、连贯性的正确的教导和教诲，他们做事就能够合乎礼仪，言辞平和、神色愉悦、谦恭有礼。

634字的启迪

家有家风，家有家训，家才能够有强大厚重的根基。家风需要具体的家规家训来实现。

《朱子家训》634字。"一粥一饭，当思来之不易；半丝半缕，恒念物力维艰。"这几句话想必很多人都非常熟悉，在今天，您又是否这样教育过自己的孩子呢？

历史文献中提及家风一词，往往蕴含有对传统的继承意义。

《南史》中，"齐有人焉，于斯为盛。其余文雅儒素，各禀家风。箕裘不坠，亦云美矣"，一个"禀"字，生动地传达了下对上、后对前的承继接受。至于比比皆是的"不坠家风""世守家风""克绍家风""世其家风"以及"家风克嗣"等，无不体现了这一特点。

很多父母一生对孩子说过太多的话，但又有多少真正触动了他们呢？不妨请您动手为孩子写一段值得他咀嚼的话，能够对他的人生有或多或少的影响，这才是一个家庭血脉传承的重要方式。同时也请我们每个现代小家庭都要制定一些家规，这样便于孩子遵守和传承家风。

2 家就是一所礼仪学校

《奇葩说》有一期上，张泉灵讲了一个故事。

她所参与的慈善组织给聋儿植入人工耳蜗，如果聋儿在 7 岁之前不能植入人工耳蜗，他就听不见这个世界的声音，也意味着无法开口说话。当时基金会碰上两个家庭，一个家庭赤贫，父母没有受过任何教育；另一个家庭月入 4000 元，但孩子的父母读过高中。基金会最后的决定是，把唯一的机会给第二个家庭。慈善机构的考量是：要把从爱心人士兜里捐出来的每一分钱，都发挥出最大的效能。

张泉灵说："聋儿植入了人工耳蜗之后能不能讲话，很大程度还依赖于父母能不能教他。所以，如果父母受过教育，能维持一个正常的家庭，会让这 20 万元钱的植入变得更有价值。"

对于这两个残疾孩子来说，父母能创造的教育环境，就是他们能在这个世界翻盘的筹码。虽然很残酷，但是我们不得不承认，一个家庭的生活方式是会传承

　　家就是一所学校，我们可以不断学习，让自己的人生丰盛，让孩子不断得到熏陶和成长。

的，影响着一代又一代的后人。

家就是一所学校，我们可以不断学习，让自己的人生丰盛，让孩子不断得到熏陶和成长。

一起学习

毛豆很喜欢历史，在微信出现"头脑王者"小程序的时候，我充分感受到了他的快乐。很多历史题他都能够轻松答出，并且能够帮助大家快速闯关，而他对历史浓厚的兴趣，源自我的影响。

我喜欢阅读历史书籍，家中的藏书大多是历史、地理类的书籍，由于工作的原因，需要我学习一些典籍，艰涩难懂的《仪礼》《礼记》《周礼》《大戴礼记》等，毛豆经常看到的景象是我拿着字典和格尺在读书。而我经常做的一件事就是现学现卖，把自己在书中看到学到的一些知识讲给他听，他也很喜欢。

作家钱锺书也是在家庭的熏陶下成长起来的。钱锺书的父亲是国学大师钱基博，是清华有名的国文教授。他偏爱古书，平时总会看书抄书，并在摘录上写上自己的看法。他对儿子的管教也极为严格，钱锺书15岁时，还因读书不用功挨过打。钱锺书读书时，除了要完成学校规定的作业外，还读古文名著。这位被"打"出来的"博学鸿儒"，后来秉承了父亲治学严谨的风格，踏踏实实地做学问，惜时如金，淡泊名利。钱锺书读大学期间，父亲写信告诫他"做一仁人君子，比做一名士尤切要"。他希望钱锺书能"淡泊明志，宁静致远。我望汝为诸葛公、陶渊明，不喜当为胡适之，徐志摩……"。

钱锺书做到了，即使是在战乱和政治运动期间，他也没停止工作与写作。他毕生致力于文学研究，并将中国文学艺术推向了世界。

学习礼仪也是这样，很多家长说，我并不专业，我们小时候也没有系统地上过礼仪课程，怎么教孩子啊。最好的方法就是和孩子一起学习。

制订礼仪学习计划

有时我会开一些微课，也会进行网络课程教学，但总有家长说，用了一些我教的方法和规则却没有见效，我问的第一个问题就是：您坚持了多久，有做过计划吗？

没有一种学习是一蹴而就，任何知识的学习都要有步骤、有规划，然后循序渐进，对孩子礼仪的培养也是这样。

礼仪学习计划四步走：

第一，意愿很重要。

只要有了意愿和想法，就一定会有进步，只是速度和程度的区别。要知道"性相近，习相远"，这不是孩子一个人的问题，往往与家庭的溺爱和放纵有关，比如孩子小时发生对同伴不友好的行为，却是家长承担了责任，代为道歉和处理等，从而使他失去对不正确行为承担后果的机会。

孩子出生时与他人并无大不同，所谓不同在于后期的养育与教育，所以家长需要反思、反省，并学习。家庭成员从现在开始对教育方向方法要达成一致，不可以认为：我怎么生了一个这样的孩子，他怎么这样，而是要问自己：在他的成长中我做错了什么，我现在可以做什么。无论孩子几岁，我都请您先清晰地给自己一个目标，想要把孩子培养成什么样的人，然后制订一个计划，比如每周有一个礼仪学习目标，以问候礼仪为例（见下表）：

问候礼仪教学计划

时间	方式	内容
第一周	家庭成员养成每日清晨问候的习惯，出门在外遇到认识的人，由家长先开口问候，孩子模仿学习问候，让孩子正确使用不同时间段的问候	问候的语言：称呼＋时间性问候 妈妈，早上好 阿姨，中午好 叔叔，晚上好……
第二周	家庭成员每日主动在清晨、夜晚问候彼此，培养主动问候的意识，语言要热情	问候的态度：主动问候＋热情的语言 热情的声音中有感情 热情的问候语调是上扬的 热情的问候是有微笑的
第三周	家庭开展30秒自我介绍练习活动，让孩子学会当众问候 在这一周，每当问候他人时需要配合恰当的肢体动作	致意的动作 点头礼 挥手礼 鞠躬礼
第四周	家庭成员进行问候礼仪竞赛活动，彼此记录和评比家庭问候礼仪小标兵	知行合一，让问候礼恰当地在家中实施

第二，想法需了解。

如果孩子在礼仪学习的过程中出现了停滞或是逆反，甚至有一些不太合适的举措。我们要做的不是针对某个行为去纠正和责怪，最需要做的是在孩子发生一些不正确行为后去了解他为什么这样做，了解他的想法。或许他并不知道有些不正确的行为会带给别人什么样的感受，或者是不知道如何做才正确、才得体。

第三，后果需感受。

了解孩子的想法后，要在家中与他进行角色互换，来演一遍他的行为，让孩子去感受自己的某些行为带给别人的感受。有时孩子知道自己的某些行为不受欢迎，但他并不确知这样的行为带给别人不愉快、不友好的感受。

第四，未来有目标。

和孩子讨论，未来希望自己成为一个什么样子的人，如何做才能达到目标。一个有目标的人才会知道如何做，从小处着手，比如，以后发生不愉快时不动手只讲理，一点一点去纠正，改善行动，而不是从明天起就变成什么样子的人。或许纠正一种行为需要1个月，但1年不就养成12种好习惯吗？

持之以恒

这四个字，对每个人的一生影响都是很大的。很多时候，我们的人生不是缺乏选择，也不是没有选择，人和人的不同很大程度在于选择了之后能否坚持。如果你只是开始了，却没有坚持，这是失败的最重要原因。人最可贵的不是飞跃，而是坚持，最可怕的不是倒下，而是没有继续缓慢前行。

礼仪的学习也是这样，中国是"礼仪之邦"，而真正的礼仪源自家庭。

在和孩子开始礼仪学习之后，我们可以尝试一个月养成一个好习惯，完成要给予激励，让他感受到父母由衷的欣赏和支持，给予他继续这样做的力量。也可以通过打卡的方式激励和鞭策，比如今天没有讲脏话，晚上睡觉可以在卡片画一枚希望星，让孩子看到自己的变化。

如果孩子在一些习惯养成上出现反复或后退，也不用担心或失望。如果你总是控制不住自己的情绪在他出现错误时发火，请尝试这样想：这个世界并不完美，但唯此才有趣。没有一个人绝对完美，但这样才生动。

每个父母都要成为一个好的教练，所以，我会请各位教练们也做三个练习：

第一：写下你能想到的孩子的所有优点，和孩子曾打动过你的瞬间。以后每天清晨看看这张纸，提醒自己：他是一棵小树，还在慢慢长大，练习和人相处、和世界相处，他很可爱。你的想法会决定你的目光、你的语言和你的行为。

第二：每天和他说的第一句话一定是"我爱你"。在心里持久地重复我们的美好信念，心会越来越柔软。

第三：当孩子表现不尽如人意的时候，在心里说三遍"我爱他"，这其实是帮自己把情绪先按在暂停键，然后再沟通。

最后，我要说的是：心若美好，世界处处美好。无论您的孩子现在几岁，请把这些对他的形容词都去掉："熊孩子""捣蛋鬼""没出息""心眼太坏了"等。

请具有责任感地先调整好自己的心态，摆正自己的身份，然后以宽容的心态投入到对孩子的教育中。

如果您认真阅读这段文字，并且愿意用心去改变自己的想法，制订小计划，我相信会有变化。但如果你只是一目十行，觉得讲的都是道理，可能就会没有作用。所以，最需要的其实是你的想法和积极行动。

3 礼仪教育的三条黄金法则

我们的家长匮乏教育理论和实践指导，父母实施的是非常高高在上说一不二的教育模式。很多时候我们不知道为什么，有些事情就是明令禁止的，很多时候我们感觉莫名其妙，怎么就惹了父母不开心。无论上学还是选择工作，我们都没什么发言权，以至于成人以后对能够表达自己的想法和意愿有非常强烈的需求。

在怀孕的时候，我就立志要做一个现代的智慧母亲，坚定地想尊重孩子、坚持原则、温和养育。所以，我创造了平和、开放的家庭氛围。

每个人都有表达想法的权利

失败的教育，往往来自于一意孤行或者是我行我素，缺乏良好的沟通，甚至沟通不能成为一种家庭习惯。试想一下，一个从来没有发言权的人，总是在接受某些决定，他又如何能在执行的时候有动力有激情？

很多时候，礼仪的表现形式和执行模式就是具体的规则和细节，比如，如何体现对尊长的尊重，比较明确的做法是：长辈呼唤时，快速应答；与长辈交流时要暂停手里的事情，保持关注，并且看着对方；长辈站立时，需要和长辈沟通应起立；用餐时能够请长辈先入座，请长辈先开始；与长辈交流，音量不高过长辈……这些都是具体的细节性内容。我们想想，如果孩子永远都不知道为什么，而需要被动硬性执行一些规则，他会不会觉得很烦琐、很形式化，相反，如果能够参与规则的制定，并且表达自己的想法，就可以使"不情不愿"变为"我可以接受"。同时，所有的规则都应尽量平等，一视同仁，不是制定出只有孩子需要执行的家规，比如，让孩子尽量不挑食，但父母却只吃自己喜欢的食物；比如，教给孩子每餐完毕需要说"谢谢爸爸妈妈，我已经吃好了"，而身为父母，吃饱了，一推饭碗就离开，这会让孩子无从模仿，也不愿实行，会让他感觉似乎只有他是这个家庭中需要改造的人。

召开家庭会议是一个好的方法，比如针对孩子的某个事项，召开一次家庭会议，让大家都有机会表达想法，最终找出方法。

家庭会议的目的

培养孩子的思考力，激发孩子的主动性，让孩子有积极的意愿去执行某些规定，增进家庭成员之间的亲密关系。

家庭会议就是畅所欲言，在某些事项上达成一致。对于无法决定的事情不可强硬下命令，可以采取投票的方式来进行决定。对参与的每个成员都要充分的尊重。

家庭会议的形式

◎ 可以保持固定模式

比如，每周六的晚上，一家人坐在一起，聊聊这一周彼此的想法和问题。在今天这个时代，全家人能够坐在一起的时光已经越来越少。我们很多时候都依赖先进的通讯方式，除了吃饭似乎很少一家人坐在一起其乐融融地说说话，更多的时候各忙各的，或者是各追各的剧，只有出现什么问题才沟通一下。不交流彼此的近况，可能使家的味道越来越淡薄。

尽量让家庭会议的召开成为固定模式，也就是说每个人都需要记得每周的什么时候是家庭会议时间，即使由于出差或者假期旅行等特殊原因，也要让它以视频等方式存在。相信我，这样可以教会孩子，任何事情，不盲目开始也不轻易结束。

家庭氛围就是从一件件小事中形成的，家庭风气也是从一个个小的行为中养成的。

◎ 有仪式感的家庭会议

如果可以，我甚至更建议，想办法让每周的家庭会议都能成为一段欢乐的亲子时光，不妨榨好果汁，摆好果盘，让这一刻具有欢乐美好的仪式感。

每个仪式感背后都是对生活的不敷衍、不潦草，都是有爱，有饱满的生活情感的。而仪式感也能使每个平凡的时刻变得珍贵，让生活有热腾腾的气息，让日子有流动的旋律感，让每一天都变得值得期待。

一家人无话不谈，了解彼此的快乐和郁闷，这非常可贵，而且也会成为生活的一种期待。你的想法有人倾听，才不会孤单，才会深切感受家的温暖。有固定的开场模式、有固定的时长，让召开家庭会议成为一种家庭习惯，这样才有机会让更多好习惯渐渐养成。我相信很多父母也有需要学习和成长的地方，也有需要养成的良好生活习惯。

家庭会议中，让孩子有机会拥有一些能力和权力，对他们来说，非常重要。孩子内心对某些事情的认同，是支持他做这些事情的源泉。如果给他们这样一个契机，那么他们会运用自己的权力做得更好。如果他们没有这样的机会和条件，可能就会变成报复性或毁坏性的行为。

在某次家庭会议中，我们决定给家里换一个密码锁，当我第 N 次把钥匙丢了之后，全家人都觉得无论怎样，我们都需要换锁了，并且不能再用钥匙了。由于我对密码锁知之甚少，而毛豆对新科技非常有兴趣，所以，他自告奋勇进行初期筛

选，由他负责密码锁的事情。

惊讶的事情随之而来。一天，他和我说："妈妈，我们去实地看看密码锁吧，我已经基本了解了品牌、性能和价格。"于是我们去了家装广场的建材馆，当我看到琳琅满目的密码锁时，我惊呆了，并且完全不懂它们之间有何差别。我像一个旁观者坐在休息区，毛豆和密码锁的销售人员进行品牌和性能的沟通，他认真倾听，逐个感受体验，我特别惊讶他居然知道哪些是国产品牌，哪些是进口品牌，客户对不同品牌锁的反馈等，然后他提出了自己的需求，最后他敲定了一款锁，而我一直在倾听。通过他们的沟通，我初次了解有关密码锁的事情，而毛豆最后选定的密码锁，在我的判断和感受中也是性价比非常高的一款锁。

那一刻，我充分感受到给孩子机会做决定有多么重要，可以激发他的潜能，同时也可以放轻松做父母。

家庭会议流程

◎ 会议主持人

家庭会议由全家人轮流做主持人，包括孩子在内，这是锻炼他的表达能力、逻辑思考能力非常重要的机会，同时让他有机会感受到小主人的责任感，他需要提前准备内容，和家庭成员沟通本周的主题。在开会前做好必要的形式准备，然后召集大家开会，并且做会议主持。

◎ 保持会议的完整性

保持家庭会议必要的形式及流程这很重要，完整的开场、进行以及结束，会让会议高效、有趣充满欢乐。但每次的会议时间不要超过 20 分钟，这包括一个好玩的结束游戏。家庭会议必须始终在成员接受并且感受到作用的前提下进行，而不是被动或生硬的作业。所以，控制时间非常重要，同时也能减少主持人的压力。

（1）会议开场成员要有热烈的问候，并对主持人表示欢迎。

（2）主持人宣布家庭会议开始，并提出主要议题，关于主题的内容可以先介绍，也可以最后介绍。

（3）提出一个议题，按照顺时针的方向逐个发表建议或表达想法，也可以用趣味的方式排列发言顺序，但要确保每个人都发言。

（4）会议可以讨论的内容包括计划性的内容，也包括问题性的内容。比如，可以是春节前家庭环境的布置、可以是关于家中是否要更换热水器、还可以是最近早起很困难、早上上学时间很紧张等，总之和生活有关的事项都可以放到家庭会议中进行讨论，总之，这不是一个专门解决孩子问题的会议。

（5）结束时，要进行议题的总结。可以玩一个简单的小游戏，增加趣味性，作为结束的仪式，并且全家人相互致谢。

通过家庭会议，可以让家成为一个良好的家庭情感沟通的场所，从而建立平等民主的家庭氛围，有助于孩子快乐而自信地成长。

关注结果，而不是谁来承担责任

作为一个粗心的妈妈，有时我不免也会制造麻烦。

那天，听了一晚上的雨，我还是浑然不觉和毛豆空手出门，到了楼下，扑簌的雨滴让我们无从躲闪。我只能说："我们上楼拿伞吧。"

毛豆开始急躁："这样我会迟到的，为什么不拿伞啊，我肯定会晚的……"

我不声不响快速做决定，带他进电梯说："等下我会跑进房间拿伞，你负责按电梯钮等我。"

电梯又上来其他同学，我看看他，心中想这不还有刚出门的学生嘛。但我没有讲话，我从不在有人的时候和他讨论有可能争执的话题。有旁观者时，任何沟通都不会纯粹，都会受面子的要挟。

出了电梯，我小声说："豆子，这不还有刚出门的人嘛。"

"这是一年级的同学，他们7点40才到校。"他回答我说。

"哦，那我理解你的心情，这么遵守纪律热爱班级的你，如果因为自己迟到给班级扣分那可太糟糕啦。不过我想告诉你，我们一定不会迟到，我们回去取伞用时不会超过5分钟，因为我们配合默契，我拿伞你控制电梯。我们俩腿也很长，走得稍微快一点，你最多会比平时晚到两三分钟，但你一直是提前到校的，所以，我们会在7点25分到校。你最迟可以几点到校？"我问。

"7点35分。"毛豆答。

我接着说："那我们太不需要忧虑啦，一定能准时到达，可是这样看来你刚才的坏心情有点多余哦。"

去学校的路上遇到越来越多高年级的同学，其实他已经确定知道不会迟到，所有的担心都发生在没有走出楼门之前。

然后我果断放弃了这个话题，他已经四年级，我不需要他说"我懂了"，我也不需要他说"我错了，不该发脾气"。适时停止，彼此理解，是建立良好的亲子关系的好方法。我几乎敢断定，如果我再讨论说"你看，你错了吧，不会迟到吧"，他一定会说"你为什么不拿伞"？我们将陷入对彼此的责怪和纠缠"是谁的责任"中去。关注于解决问题，而不是纠缠在究竟是谁的责任上。

路上有积水，我提醒他轻轻落地，以免湿了鞋。顺便再说一句，路上看到很多学生的鞋上有一次性鞋套，我只能慨叹每个粗心大意的懒妈都有一个自强自立的孩子。毛豆在避免积水弄湿鞋这方面真的很有经验，哈哈。

快到学校的一段路积水忽然减少，我问毛豆："你知道为什么吗？"他说了很多理由，我没有评价。

我说："我觉得是这段路和前面那段路的路面材质不同造成的。刚才的路面是光滑的地砖，不容易渗水，所以积水多，这段路面的地砖材质疏松多孔，同样雨量、同样时间，这段路的水很快渗下去，所以路面积水不太多。"

毛豆说："有道理啊。"

进校门时，他的心情很好，把伞递给我说："妈妈拿回去吧，我跑进去就行。"

— · — · — · — — · — · — — · — · — — · — · — · —

人生不必总是去区分这是谁的责任，那是谁的责任，推卸责任或是掩盖责任，直面问题、解决问题才是最有责任感的担当。

礼仪的根本在于有同理心

礼仪不单单是养成一些好习惯而已，因为愿意形成某些习惯，其背后必定是以愿意换位思考的"同理心"为基础。

8岁之前是一个人一生品格教养形成的关键阶段，也是很多良好行为习惯的养成时期。各位亲爱的家长朋友，养育不是教育。我们不只要养育孩子，更要承担教育责任，而同理心的教育，最好的学习环境在于家庭。

我的经验是：即使在孩子童年我们给他建立了规则，明确事情的分寸，仍然可以保持亲密的关系。

教会孩子换位思考，拥有同理心，具有对情绪行为的自控能力，是礼仪教育的核心。

在公共场合常常看到焦虑失控的父母，唯恐自己的孩子受一点点委屈，甚至连"等待"都不行。父母尽量为孩子力所能及地挡风遮雨，但却丧失了"教育"孩子独立处理矛盾、解决问题的机会。父母竭尽所能给孩子做着他们认为正确的选择，却让孩子丢失了思考与判断的锚。

在毛豆 2 岁多的时候，有一次，他在玩玩具，我在餐桌附近看书。突然听到他说"我要喝水"，我没有动，也没有回应。接下来他又说"我渴了，我想喝水"，我依旧置若罔闻、继续看书。于是他在自己的房间说了许多遍，但我始终没有回应。过了一会儿，他走出来说"妈妈我要喝水"。

我把正在阅读的图书插上书签，然后合上，握着他的小胖手说："毛豆，原来你还没有喝到水啊，我以为空气早就把水给你送去了呢。"

"怎么可能空气给我送水，你不管我，谁给我水啊？"他特别生气。

"那你为什么不说'妈妈我想喝水'？我是你的妈妈，为你做事情是因为我爱你，而你连个称呼都没有，就喊'我要喝水'，我的心情也不好，我为什么要屁颠屁颠给你送水啊。你对我连起码的尊重都没有，对长辈说话，或者想要请求谁做什么事情，要先称呼对方，才能再说具体的事情。"

说完这段话，我给他端来了一杯水。

孩子有的时候并不能够体会到他的行为带给别人的感受，而这个时候，"角色扮演"是最好让孩子感受和体会"同理心"的方法，我建议父母们采用，这个方法避免了说教，又能够给孩子最直接深刻的体验。

有的时候，我在打工作电话，毛豆会在旁边问我问题，比如"我们什么时候可以下楼玩""桌子上的水是你给我晾的吗？""我可不可以看一会儿电视……"由于我在进行工作方面的沟通，可能没法及时回复他，他就会比较着急，不断问我，而我打电话的心情也会随之糟糕，因为又要回应他又要打电话。后来，我选择了"角色扮演"，让他学会换位思考，感受别人的感受。

在他专注地搭积木的时候，我不断去打扰他。"宝贝，你要喝水吗？一会儿妈妈给你切苹果还是剥个橙子？下周，你想去体验一下楼下的武术课吗？"

当然，在我频繁的打扰之下，他果然变得烦躁，他不开心地说："妈妈，我在搭积木，给蒙奇奇搭个别墅，你能不能不打扰我……"

我于是暂停了打扰。等他的积木完成之后，我把他叫过来问他："刚刚妈妈打扰你，你的感受怎么样？"

他说："特别烦，我玩得好好的，你和我说话打扰我。妈妈你能不能下次在我玩积木的时候不要打扰我？"

我说："我表示抱歉，刚才打扰你了，但我问的问题都挺重要，是吧？你看你吃什么水果，我惦记着给你准备啊，可是在你很专心地做一件事情的时候，尽管我是好心，但还是打扰你了，下次我会注意。"

"没关系，下次注意吧。"毛豆说。

"那么，我还想和你聊一聊，下次我打工作电话的时候，请你也不要打扰我，好吗？如果可以，就等等，等我电话打完再问我；如果很急，你就拍拍我手臂，我就知道你有要紧的事情，我会尽快结束通话，好吗？"

这一次，他愉快地答应，并且此后真的做到了。当然，有的时候他也会忘了，在我打电话时喊我，但他很快意识到不能打扰，又会冲我摆摆手，示意我先打电话，他不急。

说教一定不是最有效的教育方式，童年时，我们的父辈对我们唠叨说教"好好学习"，但很多时候事与愿违。说教很容易激发孩子的反抗，而让他们去感受行为带给别人的感受，则是最潜移默化和减少冲突的教育方式。

4 沟通的礼仪

小朋友与生俱来并不拥有恰如其分表达自己想法的能力，他们常常会用并非本意的语言说了一段话，让自己糊涂，让对方生气。沟通是门有技术含量的课程，而孩子最需要学会的就是与人沟通的能力。很多成人在工作以后都会跌倒在"沟通"这个功课上，但其实学会"说话"，是可以从小培养的。

沟通，首先是情绪

我追电视剧《大军师司马懿之军师联盟》，毛豆问我："电视剧演的就是历史吗？"我说："其实不一定，小说、电影、电视剧都是有艺术创作成分的。"他仍表示不理解，明明演的是一个人的一生，为何却又说并不完全真实。我就给他举了一个例子。

一次，曹操率军出征，曹丕、曹植前往送行。曹植出口成章，盛赞曹操之功德，而曹丕则相形见绌，怅然若失。吴质对曹丕耳语说："与魏王辞别时，你什么都不要说，只管哭泣就行了。"曹丕听了吴质的话，哭得非常伤心。曹操及其左右很受感动。于是都认为曹植华而不实，不如曹丕诚实孝顺。

— · — · — ● — · — · — ● — · — · — ● — · — · — ● — · — · —

但当时，我的大脑一下子回忆不起来"吴质"的名字，我就说我记得姓吴，但是叫什么名字我忘记了。毛豆就追问了我三次"你怎么知道姓吴"？语言具有质疑感。

我说："我记得呀。"我回答了三遍，但一次比一次烦躁。

于是，我和他谈了谈，我问他是不是想确定这个人到底是不是姓吴？他说是的。但他丝毫没有意识到他对我的三次追问是极容易让对方不开心且不愿意回答的。于是我开始循循善诱如何提问，才能恰当表达自己的想法，让他反复用不同的问句来问我这个问题。我再重新回答，并且告诉他听到他不同的提问方式我的感受。让他对比不同的表达方式，相同的主题，听者不同的感受，他也豁然开朗。

提问的前提是让对方愿意听，这样内容才会有机会被对方接受，如果说话的方式就让对方拒绝或反感，那么内容就没有机会让对方接收了。因此，沟通是首先要确保你所讲的话是平和的、客观的，而不是带着情绪和挑衅的，我相信这个技巧不仅是小朋友需要掌握和练习的，家长朋友们也要记住，在和孩子沟通的时候心平气和讲事实，而不是频繁宣泄情绪。

表达，内容要清晰

— · — · — ● — · — · — ● — · — · — ● — · — · — ● — · — · —

假期，我带毛豆去旅行。

我们住的酒店流水潺潺，每天下午5点，工作人员会用小篱笆在宽阔水面上分割出一个小池塘，让小朋友们戴着斗笠体验垂钓的乐趣。

毛豆很喜欢钓鱼，于是他在这里等，因为排在队列的第一位，他便第一个领到斗笠和鱼竿。但我突然发现水面附近有很多蚊子，我便和毛豆打了声招呼回房间去拿驱蚊药水。

等我回来时，很多小朋友坐在池塘边带着斗笠垂钓，毛豆也开心地坐在那里，但不同的是他手里拿的不是钓鱼竿而是一个捞网，我一边给他喷药一边询问："你怎么没有鱼竿啊？"

"我的鱼竿坏了，叔叔拿去修，刚才鱼把钩子咬坏了，叔叔说等下就给我拿根新的。"

我说："哦，那你先用捞网玩吧。"

然后我离开，到旁边等他。一会儿，我看到酒店工作人员拿了新的钓鱼竿回来，但没有给毛豆，而是给了其他不断加入钓鱼队伍的小朋友。我看到毛豆跑到工作人员身边一直念叨："我的鱼竿怎么还没拿回来？"忙碌的工作人员无人回答。

他有时拿他的捞网玩，有时重复这句抱怨"我的鱼竿怎么还没拿回来"……

我在旁边看着，没有参与解决。我觉得他需要学会自己解决问题。

在长达 20 分钟的时间里他没有钓鱼竿，而垂钓项目一般会提供 30 分钟左右。终于，没有耐心的小朋友们渐渐离去，人越来越少，毛豆问经过他身边的工作人员："我的钓鱼竿怎么还没有修好？"工作人员拿了一根给他，他满足地去垂钓了。

晚上，我们各自做运动，然后玩了一会儿"华容道"。结束后，我拉过他的手说："我可以和你聊件小事吗？今天我看到你的钓鱼竿坏了，工作人员拿去修，但后来他拿回一些新的钓竿却忘了给你，我注意到你一直在说自己没有钓竿，可是没人回应，你知道为什么吗？"

"不知道，我看到他们一直不管我，其实我挺生气。"毛豆回答。

我说："如果你的表达更清晰，针对你想要找的人明确说出你要什么，别人才会及时回应。'我的钓竿还不来'，这听起来像是自我的抱怨，不针对任何人。如果你说'叔叔，我的钓竿修好了吗，我想要钓鱼'。叔叔一定会回应，因为这句话有明确的称呼和明确的需求。

"比如，我现在说'好想喝酸奶'，你会做什么吗？"

"不会。"他回答道。

"那如果我说'毛豆，我想喝个酸奶，你能帮我拿一下吗？'你会回应吗？"我接着问。

"会。"他抬起头认真地说。

"是的，下次，有需求，一定要针对某个具体的人清晰地说出你的需求，这样的表达才会有效哦。"我满意地望着他。

他若有所思地点头。

很多时候，我们经常无意识地说话啰唆重复，没有条理，而事实是，在孩子三四岁的时候就可以有意识地培养他们如何简洁清晰地说出想法，当然这需要练习，但这个技能在成人之后却可以给孩子的人际交往和沟通以极大的帮助。

说话，要懂得尊重

无论和谁说话，无论你是成人还是孩子，尊重的规则都需要学习。

说的姿态

只要和年龄比自己大的长辈或尊者讲话，就要做到身体正面向对方，这是一种方向上的尊重，只是扭转头说话而身体是背对和侧对的，传达的信息就是"不得不听"，或者"听听而已"，因此，首先要做到把身体正面向对方，这是一种尊重的姿态。

此外，和尊长谈话时，还应做到尊长站立，则我们也要站立。绝对不可以尊长站着，而小朋友坐着。但在校园却常常遇到这样的情况，学生课间问我问题，我站着，而这个孩子却坐着。

所以，讲话的尊重姿态是面向对方，与尊长交谈，先起立，长辈坐着，让我们坐下，我们才可以坐下。正所谓"长者站、幼勿坐，长者坐、命乃坐"，这是从小应该养成的好习惯。

说的音量

和尊长交谈时，音量要确保对方可以听到，但不可以高过尊长，即便有不同的想法和看法，也要知道"有理不在声高"。越是想清楚表达自己的观点，越要和缓冷静，因为音量越高，情绪就越容易激动。其实，保持平和的交流方式，也是一种平和心态的培养。

说的内容

◎ 用称呼来开头

无论和谁说话，开口都要先有称呼。比如："妈妈，我想用一下你的笔。""阿姨，你可以帮我一下吗？""老师，我可以去还这个盒子吗？""××，我能借一下你的涂改带吗？"有称呼，是对交谈对象的尊重。如果直接开口说具体内容，这会让对方感觉自己就是路人甲乙丙丁，而不是被尊重的一个人。

◎ 礼貌用语挂嘴边

有谁能拒绝一个有礼貌的孩子呢？

毛豆经常和我出差，坐飞机时他看飞机上的杂志，对一个广告特别感兴趣，这是一个小罐茶的广告，里面有写大师炒茶经历多少工序等，他对那些数字以及茶叶充满了好奇，对这个广告也念念不忘。

终于有一天，我和他一起逛商场看到了小罐茶的专柜，他问我可不可以买一罐尝尝，我说可以。于是我们走过去。

讲话的尊重姿态是面向对方，与尊长交谈，先起立，长辈坐着，让我们坐，我们才可以坐下。

一番了解才知道，这个小罐茶不能单独购买1罐，需要购买一盒，而一盒最少有8罐，并且由于这个茶的工艺和对茶叶的特别择选，一盒茶并不便宜。由于我平时不大喝茶，所以我对毛豆说："宝贝，很抱歉，我不能买一盒，本来我是答应你买1罐的，但现在看来不能单买1罐。"

毛豆依依不舍看着小罐茶，问我："妈妈，你真的不喝茶吗？你真的不能买一盒吗？麻烦妈妈了，我真的很想尝一尝大师炒的茶。"

我说："宝贝，妈妈理解你好奇的心理，但这个价格买来一盒茶只为尝一尝，而我并不会喝，你也不可能喝茶，确实太浪费。"

毛豆转过头对给我们介绍茶叶的促销人员说："谢谢阿姨的介绍，我们不买了，再见。"

这时，特别的一幕发生了。

促销人员拉过他的手说："宝贝，你太懂事了，你太有礼貌了，阿姨特别喜欢你，虽然我没有权力把1罐茶叶卖给你，但是我有权力请你喝一泡小罐茶。"

毛豆特别开心，他原本也不是爱喝茶，就是好奇想要尝尝小罐茶是什么样的，因为他有礼貌，所以如愿以偿了。他细细品味，听阿姨给他讲茶的知识，下午的时光特别美妙。

———————————————————————

养成一个好习惯，不是为了取悦谁，不是为了获取什么，而是让自己成为一个更有教养的人。但一旦形成一些好习惯，它就是会那么珍贵得闪闪发光。

所以，要请大家经常把礼貌用语"请、您好、早上好、麻烦您、抱歉、对不起、不客气、应该的、拜托、再见"这些词挂在嘴边。

言为心声，养成良好的语言习惯，其实也就培养了一种达观热情的心态。

5 举止的礼仪

《礼记·冠义》："凡人之所以为人者，礼义也。"

人与动物最根本的行为举止的差别在于礼仪，自尊、自爱、自重，而后体现对他人的尊重，对世界的尊重。

人类的文明不断发展变化的过程就是行为举止的不同，本质上其实就是野蛮粗鲁的行为被自控自律的行为所替代。

有时，去朋友家做客，看到十几岁的孩子瘫坐在沙发上，即便家中去了客人也只是抬一下眼皮，就算打个招呼，在他的身上明显感受到的是自我的舒服，完全无视其他人的存在。越来越多的孩子唯我独尊，以为自己就是世界，以为自己认定的行为处事方法就是世界的规则。

家是最小的社会单位，礼仪践行，家庭是最好的修炼场所。

和颜悦色之礼

在老北京的规矩里就有一条是不能斜楞眼看人，其实指的就是和人说话的时候，要眼睛看着对方。但我想很多人都遇到过这样的情形，你呼唤孩子，他一动不动，只是眼皮一抬、眼睛一斜回应一句"干吗"。很多家长都感到很窝心，我一心一意培养他，怎么最后就养了个"白眼狼"，而孩子的表达是你有事说事，我看不看又能怎么样，你说话，我听着呢。

《中庸》中有"发而皆中节"。礼的表现就是行为处事恰到好处，不对他人造成伤害，也不让他人感受到被轻视，尊重了别人，其实就是尊重了自己。

目光中的尊重

目中有人是一种修养，通俗点说，能够正眼看人，这不是让自己卑微，而是体现修养。

◎ 看哪里

看人看哪里，对于小朋友而言，最直观的理解就是看对方的眼睛，更舒服一点的交流区域，就是看对方的两只眼睛与鼻子构成的这个倒三角区域。这个位置既让对方感受到被关注，又不至于目光太直接，呈现咄咄逼人之感。甚至很多时候，我们在与人交流时，是通过语言、表情、体态三个方面传递信息和接收信息的。我们以为自己是通过语言做交流，但其实接收信息时，毫无疑问会通过对方的表情和体态结合做出判断。

◎ 看多久

我给孩子们的建议是至少要在初始交流的前30秒是注视对方的，而不是眼睛看一下，便再忙自己手中的事情，30秒的时间不算很长，但可以体现必要的重视。

如果手中有要忙的事情，那么在前几句交流完成后，也可以示意一下"您说，我在听着"，然后再继续手中的事情。礼仪不必教条化，但还是应该有必要的准确指导。所以，目光交流30秒之后，可视具体情况而定。

◎ 怎么看

目光柔和注视对方这是发自内心的平和与尊重，所以，不只是看而已，目光中的情感也很重要，只有内心有敬重之情，眼神才会和悦。

由于工作的原因，也因为职业的影响，我是喜欢笑的，在我的课程中也会教大家表情礼仪，那么我一定会说，表情应该是温和的、友善的，这其中关键要素其实不是嘴角上扬，而是眼神温和。

微笑中的温和

我们有时会遇到这样生硬的问候：面无表情，嘴角下撇，抛出一句问候过来，会硬邦邦的像块石头。原本是想通过问候传递礼貌和热情，但这样的问候常常像鱼刺堵在喉咙，不但不能带给人美好的感受，相反却使心情变得糟糕。

家庭中的笑容特别珍贵，现在我想请你仔细回忆一下，你有多久没有温柔地对孩子笑过，你能做到保持温和的表情与家人沟通吗？给孩子辅导作业签字时，你能用微笑鼓励他吗？

或许不能，我们常常对陌生人或其他人能微笑一下，但对待家人似乎又格外挑剔，却不知道，微笑最是家庭润滑剂，在平和、宽容家庭中长大的孩子，更自信，更容易有勇气面对困难。

◎ 清晨的微笑

每天清晨记得给家人一个温暖的微笑和问候，这会是一天的营养，很多时候清晨我们醒来了，但心情还没有醒来，这个微笑就是最有营养的早餐，也是最好的闹钟，给一家人一个好心情，来面对崭新的一天。

◎ 困难时的微笑

面对困难时，养成一个好习惯，用温和微笑的心态去面对，这不是一个简单的表情而已，事实上，它具有调节和改变人心情的作用。有的时候孩子会调皮、淘气，沟通的时候，温和的态度有助于事情的解决，要知道恐吓和打骂只会使他们出于畏惧，暂时改变行为，只有平和的交流才能让孩子们真正了解如何做更

最好的教养莫过于有一张微笑的脸孔。

正确。

◎ 让微笑成为习惯

最好的教养莫过于有一张微笑的脸孔。想一想多年的经历最后会在容貌中体现，这是一种达观的生活态度，把一抹微笑常常挂在嘴边，脸上始终有柔和的光彩，与家人交流沟通和声细语。生活中不是没有问题，而是所有的问题都得以温和的解决。

《中庸》中说"喜怒哀乐之未发谓之中，发而皆中节谓之和"。中，是稳定天下之本；和，是为人处世之道。让微笑成为温和处事的一种习惯。

举止有度之礼

容是会意字，从"宀"从"谷"，房屋和山谷都有虚空能容的意思，所以"容"的本义即"容纳"，《说文解字》中有"容，盛也"。引申出宽容、从容、仪容、容许等。古文中也用作模式、规则、礼法等义。

而今天，我们希望家庭礼仪中也能够重拾这个礼仪。曾经，我在企业培训中问学员"暴发户有什么特点？"

大家的回答基本都围绕在行为举止中，这非常有意思，暴发户是指一个人在短时间内就取得了可观的财富，多数时候被用来形容文化水平和道德素质却没有跟上。区别于贵族和豪门，属于贬义词。请注意的是，这个词原指一个人短时间内发财，而人们对其的评价和形容却常常集中在他的个人修养上。这个词并不特指今天改革开放后胆子大，钻政策漏洞富起来的一些人。而是自古就有这样的形容。

《儒林外史》第五十三回："也是那些暴发户人家，若是我家，他怎敢大胆！"《官场现形记》第一回："城里的大官大府，翰林、尚书，咱伺候过多少，没瞧过他这囚攘的暴发户，在咱面上混充老爷！"曹禺《北京人》第一幕："隔壁那个暴发户杜家天天逼我们的债。"

那么我们通常对暴发户的形容是：目光倨傲、横着走路，乍着膀子，一摇一晃，呼吸粗重，言语不知深浅却又响亮得不分场合。

这也是今天的社会为什么格外强调国民软实力的原因之一吧，当经济不断发展时，国民素质的发展速度也要相匹配，否则即便财富积累起来，也无法赢得世界的尊重。

君子有九容：足容重，手容恭，目容端，口容止，声容静，头容直，气容肃，立容德，色容庄。

"足容重"是指脚步稳重，不要轻举妄动，君子有郑重之气；"手容恭"不是指慢腾腾地干活，而是指无事可做时，手要端庄握住，不要乱动；"目容端"是指目不斜视，观察事物时要专注；"口容止"是要求在说话、饮食以外的时间，嘴不要乱动；"声容静"是指振作精神，不要发出打饱嗝或吐唾液的声音；"头容直"是要求昂首挺胸，不要东倚西靠；"气容肃"是指呼吸均匀，不出粗声怪音；"立容德"是指不倚不靠，保持中立，表现出道德风范；"色容庄"是指气色庄重，面无倦意。

我小的时候，父母最常讲的一句话就是"女孩子要站有站相、坐有坐相"。端庄不是给谁看，也不是取悦谁，更多时候首先是自重。

从小培养良好的行为举止，无论对身体发育还是对气质培养都是非常有必要的。所谓"葛优瘫"，不是舒服，是放肆。现在很多青少年长得越来越高，却弓腰驼背。驼背的现象，除了和上课的时候端坐时间长有关，更重要的是站姿、坐姿不正确导致的，比如，趴着做作业、玩电脑，瘫坐在沙发上打游戏看电视。不仅仅是青少年，现在很多成人也出现探颈驼背，一些中年人后背越来越厚。驼背会改变人体脊柱四个正常生理弯曲，导致三维力系失衡，出现脊柱侧弯、近视、长短腿、肩不齐、长不高等现象。驼背会挤压到人体与脑、脊髓相关的脑神经、脊神经、内脏神经，造成神经障碍，导致青少年记忆力下降，反应迟钝，智商偏低。因此，站有站相、坐有坐相不仅仅是姿态美观，也是为了身体正常发育。

为保持良好的体态，可在家中做"11 点靠墙"的训练，这项训练适合全家人一起完成。

11点靠墙

11 点为后脑勺、双肩、双股、双小腿肚、双脚跟、双手。方法是靠墙站立，让后脑勺、脊背、臀部和脚后跟形成一条直线，后脑勺靠墙，下颌微微收回，双腿绷直尽量全部靠在墙上，可以尝试把手塞在腰和墙之间，为避免空隙太大导致腰部受力过多而受伤，可以慢慢靠墙蹲下，再站起来，减小空隙。这样的训练方法一天两次，最初的练习可以视孩子的年龄和接受程度从 1 分钟开始，然后逐步增加。

任何事情都需要坚持，保持良好的运动习惯，保持良好的用餐习惯，都需要持之以恒，"11 点靠墙"的训练也是如此，每天 15 分钟，长期坚持一定会收获挺拔的体态。

长幼尊卑之礼

《孟子·滕文公上》："使契为司徒，教以人伦：父子有亲，君臣有义，夫妇有别，长幼有序，朋友有信。"

在今天，我们不断强调平等，似乎越来越淡漠所谓的"长幼有序"。日常生活中很多家长让自己的孩子直呼名字，并且乐在其中，觉得这样方能体现家庭的民主和平等。其实，真正的民主是指每个人都有表达观点和想法的权力，并不是言语上的无忌。

其实，讲究次序与尊卑恰恰是中华礼仪的特色，内心充满敬意，才有对这个世界正确的理解与尊重。但尊卑并不是指封建社会的男尊女卑，君临天下，而是指对长辈的尊重，对职业的尊重，对有所付出的人的尊重。

《礼记》中有一句话："礼者，自卑而尊人也。"是指谦逊自己，尊重他人。所以，在今天这个时代，卑并非卑贱，更恰当的理解是谦卑。因为"虽负贩者，必有尊也"。即使是挑着担子做买卖的小贩，也一定有令人尊敬的地方。因此，尊重别人其实也就是尊重自己。

有序，方能使社会和家庭更和谐，混乱无序很多时候体现的就是肆意妄为。在社会秩序中"在朝序爵，在野序齿"，说的是在职业场合职位高者被尊重，而在生活场合长辈更受尊重，年龄大者受尊重。

确定了尊卑，那么自然就应该遵从"长者先、幼者后"的顺序。

孔融让梨的故事，大家都知道。懂得礼让，这是一种美德。在家中应该做到：

有尊重长辈的态度

这不单单是指小朋友尊重长辈，家长也同样需要做到，如果和爷爷奶奶、外公外婆等长辈住在一起，我们都要尊重长辈。这种尊重是指同长辈讲话和颜悦色，听从长辈教诲，哪怕是唠叨也不能顶撞或不耐烦。理解时代的变化，长辈可能跟不上节奏，有些教导未必合时宜，但要理解他们的关爱之心从未改变。倾听就是一种尊重。

有尊重长辈的行为

尊重长辈不是一句口号，需要行动来体现，比如，每天清晨主动问候爷爷奶奶早上好，这是尊重；每次用餐都能请长辈先动筷子，遵循长者先、幼者后，这是尊重；喝酸奶时，不同口味能让长辈先选择，这是尊重……

不要把孩子培养成小公主或小皇帝，培养他们从让他们懂得长幼有序开始。孩子来到这个世界，一直处于认识世界、了解世界的过程。他们渴望了解规则，以便让自己做得更好。

疼爱孩子，并不需要放弃所有的限制，也不是为所欲为地放纵，而是教会他认识规则，尊重他人。

教孩子礼仪，教孩子优雅过一生。

6 家庭用餐礼仪

世界顶级礼仪大师威廉·汉森说："善于观察的人，只用一顿饭的工夫，便可知你父母生活的背景怎样、你的教育背景如何。"

餐桌上的礼仪，与一个人自小所受的家庭教育密切相关。餐桌礼仪不雅的人，首先反映的不是他的恶习，而是他父母的教育、他所在家庭的整体素养。

餐桌礼仪调查

在餐桌上，越来越多的父母们关注着孩子的营养，却甚少关心孩子的教养。当你忽视了孩子的餐桌礼仪，你也就关闭了孩子展示自己的一扇门。

请问您有这样的困惑吗？别人家的孩子怎么就能自己吃饭，不用追着喂呢？别人家的孩子吃饭怎么就能干干净净？别人家的孩子怎么不边玩边吃啊？别人家的孩子怎么吃饭的时候不会离开座位呢？别人家的孩子怎么就懂得先让长辈动筷子啊？别人家的孩子怎么就不把餐具当玩具啊？而面对自己的孩子，抓狂、无奈、脆弱、失控，这到底是为什么？身为父母您有过这样的时刻吗？

正如前面所说的，那是别人家的孩子，我们怎么办？教育好自己的孩子呗。从小处入手，成就大礼仪。从用餐礼仪开始，让礼仪浸润在生活的细节中。

自己有高学历、高收入、高颜值，这都不算什么。身为父母，养出有礼仪、有教养的孩子，那才是你真正拥有的奢侈品。

知道吗？当你带着孩子外出用餐或是和朋友聚会时，你在品味食物的同时，别人在品味你的家教、门风、教养、学历、甚至社会地位和人生观……无论你如何意气风发，你们全家人用餐的样子可以把你们更多的私密信息暴露出来。

当然，家长在餐桌上的言行举止对孩子的影响会比学校的功课要更深刻。

所以，接下来，我想做个成人用餐礼仪的小调查：

（1）在餐桌上从不玩手机。

（2）使用筷子时，不会拿着筷子就说话，不会拿筷子指人，也不会翘着食指。

（3）吃饭时不会训斥孩子，不会谈他的学习成绩，不会去谈有可能让彼此不愉快的话题。

（4）在家中始终遵循长辈先入座、长辈先动筷子，所有人入席才开始吃饭的规则。

（5）吃饭的时候，不会拿着筷子在盘子里挑菜，夹出来的不会再放回去。

（6）吃饭的时候不会肆无忌惮地打嗝，不会发出"吧嗒吧嗒"的咀嚼声和"稀里呼噜"的吃饭声音。

（7）在任何时候吃饭都能够坐有坐相。

（8）不会端着饭碗离开餐桌边看球赛或电视剧边吃饭。

（9）嘴里有食物时不说话。

世界顶级礼仪大师威廉·汉森说："善于观察的人，只用一顿饭的工夫，便可知你父母生活的背景怎样、你的教育背景如何。"

（10）用餐结束，能感谢做饭的人和一起用餐的人。

一共10条，共计10分，以上并不是偶尔做到，而是99%的时候都能够做到，除非特殊情况。请大家认真做自我评估，严谨打分。

之所以要进行这个调查，是因为真正的教育，在乎于言传身教。有时，你做到了，你的孩子就做到了，甚至完全不用讲解，没有说教，孩子有很强的模仿能力。

比如，我们家养成的习惯是晚上喝酸奶、吃水果，说实话，从健康的角度来说不是很科学，但我的习惯就是晚上喝酸奶、吃水果。我每次这么做，久而久之，在毛豆的意识里这两样东西都得晚上吃，他也习惯了。有时，我下午给他吃个水果，他看看我说"这是晚上吃的"，我会瞬间无语。但我每次和他去旅游，在酒店吃早餐，只要坐下，我的第一件事就是整理餐巾铺在腿上，然后，毛豆从小也养成的习惯就是将餐巾整齐铺在腿上，连用餐巾擦嘴的动作都和我一模一样。类似的经历和例子相信你也有过。

所以，我更希望各位父母都成为餐桌礼仪的老师，你做到了，孩子就学会啦。

很多家长都在孩子吃饭问题上遭遇过烦恼：宝宝边吃边玩耍，就是不能专心进食，家长甚至追在屁股后面"威逼利诱"才能完成就餐；孩子这也不吃、那也不爱，面对桌上的蔬菜肉食，总是挑挑拣拣。哄"熊孩子"吃饭，成了很让人头疼的事情。孩子的胃口差、饭量小、喜欢喝饮料，喜欢垃圾食品，当然会对成长发育带来很大的负面影响。

我一直都很坚定地认为吃饭好的孩子，不吃或少吃零食，身体都特别棒，毛豆除了感冒基本没有任何问题，几乎不去医院。

事实上，每一个生活习惯都不是独立的，而是相互影响，也就是说吃饭的习惯会影响他游戏的习惯，也会影响他将来的学习习惯和工作习惯。

　　一个能够一直坐在餐桌前吃饭不离开座位的孩子大多能够自律地完成家庭作业，这看似风马牛不相及的两件事，其实传递的是相同的能力——自我约束与管理。知道吗？培养孩子主动高效完成家庭作业，并不是在看管着他写庭作业中形成的，而是在日常行为习惯中养成的。

　　我们可以从小朋友 1 岁半开始，建立这个规则。有这样一项研究或许能够帮助我们更好地理解这件事。

　　《美国国家科学院》杂志上的最新研究发现，3 岁时自控能力差的孩子，长到 32 岁时更有可能出现健康和财务问题，甚至会有犯罪记录。当然，这些推论并不考虑背景和情商情况，这是来自英国、美国和新西兰的研究人员在分析了两个大型研究项目的数据后得出的上述结论。参与研究的孩子们需要完成一系列身体检查并接受采访，以供研究者评估可能影响其生活的基因和环境因素。

　　研究者发现，自控力较差的孩子在长大以后更有可能出现健康问题，如高血压、超重、呼吸问题等。而这些人也更有可能出现对烟草、酒精和毒品的依赖，成为单亲家长的可能性更高，不会管理金钱，有犯罪记录等。

　　研究负责人、英国国王学院和杜克大学的教授莫菲特说："我们的研究第一次证明，孩童时期的意志力的确对成年之后的健康和财富状况有影响。"

　　所以，去餐厅点餐之后的等待，菜品上来之后主食的等待，菜肴上来等待长辈，这些行为都是在考验小朋友的自控力。

　　曾经，毛豆小朋友一顿饭的表现改变了一个人的生活轨迹。

　　羲源是我的一位朋友，在毛豆见到她之前，她在一个企业做高管，事业顺利。但现在她是一位优雅知性的儿童礼仪讲师，经常受邀上儿童礼仪的微课，接受电视采访，参加广播电台节目的录制，已经为数以万计的孩子们上过儿童礼仪课。

　　在毛豆 6 岁的时候，我带他去青岛旅行，羲源请我们吃饭。在我们把菜吃得差不多的时候，饺子却迟迟不来，我和她继续聊天，毛豆特别热爱美食，每顿饭也必须吃主食，所以就坐在旁边等饺子。

羲源作为请客的人，饺子迟迟不来，毛豆已经不再吃菜只等饺子，这让她有点焦急。她说："毛豆，楼下有个鱼缸，你要不先下楼看看鱼，有好多种海鱼呢。"毛豆说："还没有吃完饭，我不能离开餐桌，我再等等，没事。"

然后，羲源就惊呆了，她说："毛豆，我从来没有见过像你这样的6岁小朋友。吃饭的时候，会请我们先动筷子，你吃饭不需要任何人帮忙，妈妈夹给你的青菜你都吃了，我们说话你从不插话，我看到你一直在吃饭，也不会边玩边吃，吃饭时绝对不会离开餐桌，饺子没来你就在这里等，你怎么这么棒啊，为什么啊？"

我说："因为我教儿童礼仪啊。"

羲源从那天就坚定地下决心说："那我要学儿童礼仪，我儿子已经上班了，我没机会教他啦，但我要这样培养自己的孙子。"

后来她学习儿童礼仪，现在她辞职了，专职做儿童礼仪，并且小有成就。而这一切，都源于她和毛豆吃的这顿饭。

中国的饮食文化博大精深，中国的餐桌也同时是社交桌，一顿饭既能够吃出家教，也能够吃出门风。所以，千万别以为吃饭是小事，事实上对孩子未来的影响是很大的。

五条家庭用餐礼仪

家庭餐，一起吃

各位有没有觉得，在电子产品日益侵入我们生活的今天，有的时候觉得一家人坐在一起认认真真聊聊天，用心地交流一下近况都显得很难得、很珍贵。大部分情景是家中每人一部手机，这样看来，用餐反而是一个非常难得的机会。

同样，按照中国的习惯，餐桌通常也是每日家人之间沟通的最好场所，因为这是唯一个全家人必须坐在一起的时刻。

因此，任何时候都不要抛弃宝宝，让他孤独地用餐，欢迎他到餐桌上来，加入到我们的进餐环节，享受我们对美味食物的热爱之情，和我们一起感受食物的色、香、味，观看和体察成人用餐的满足感、愉悦感，这对孩子是非常重要的。从此他会爱上吃饭，因为成人大口大口用餐的快乐会感染他，他非常乐意像成人一样。所以，当他的小手能够抓握勺子的时候，就会和我们一起吃得津津有味。

毛豆在4个多月开始添加辅食的时候就坐上了餐桌，他的小餐椅放在大餐桌旁，无论吃水果还是米粉他都坐在餐桌旁，带上围嘴像模像样地吃饭，后来一家人一起用餐也已经形成习惯。小的时候，他吃完了，我就在他的餐盘上放几样玩具，他会陪伴我们用餐。如果，他偶尔食欲不佳或是不爱吃饭，那么他可以下地玩耍，但我就不会再给他吃饭了。直到下一个餐中点心时间才会再给他吃东西，当然这种情况绝少发生，因为我们每次都是兴致盎然地享受美食，他也就爱上了吃饭。

吃饭时一定要坐在餐桌旁吗？答案是肯定的。首先，这样做很安全，宝宝坐着吃饭不容易发生噎着、卡着、呛着等危险事情。其次，能够培养宝宝对食物的热爱，和大人坐在一起，看到大人吃得津津有味，他会非常乐意模仿，并因此爱上吃饭。最后，可以培养宝宝的秩序感和纪律性，让他明白什么时候应该在什么地方做什么事情，慢慢他就会条件反射般形成良好习惯。

长者先，幼者后

中国人讲究长幼有序，进食用餐时也是一样的。若有长辈在场，则长辈先坐，坐定后晚辈再坐。

但有的时候，和朋友一起聚餐，常常极为尴尬地看到，某个小朋友一屁股就坐在主位上，大模大样，而她的母亲似乎全然不知。其他人陆续落座，整场用餐，是一个小朋友坐在主位上，还美其名曰"不用太讲究""不用太拘束"。殊不知这其实是无礼，不懂尊重。那么，什么是主位呢？一定是最舒适、最方便、最受尊敬的位置啊。

所以，从 2 岁就要让孩子意识到，无论是入座还是吃饭，都要长者先，幼者后，要请家中长辈先入座。饭菜上来了，要请长辈先开始动筷子。想一想，在家中是不是经常有这样的情景啊，菜上来，父母总是第一筷子先夹给小朋友，说"宝贝快吃"，然后扭头和自己的父母说"妈，你也吃"。孩子长大后，我们总是说，怎么养了个白眼狼，一点也不懂得感恩，殊不知，正是小的时候，在家庭中的生活习惯，让他觉得这一切都是应该的，父母就该为他做一切，天经地义。他会以为他的想法就是世界的规则，他饿了，就可以吃。相信我，等等再吃，不会饿坏他，反而会培养他对尊长的尊重，懂得理解别人，理解规则。

正确的做法一定是在用餐时，先请长辈动筷子。当然，比如，如果奶奶说"你先吃，奶奶先喝点水"，那就恭敬不如从命，但邀请长辈先吃，则是孩子们要做到的，久而久之会在孩子的心里种下尊重的种子。

讲个毛豆的故事，特别有意思。

毛豆从小就有这样的家规，用餐要长辈先吃，他也形成习惯，没有感觉一点点不适应。其实，很多时候，最初是什么模样，最后就会顺理成章变成什么模样，如同瀑布自上流下一般自然。

那天我带毛豆去吃比萨，给他点了比萨，我给自己点的蔬菜沙拉。由于有工作的事情需要回复，我在用手机微信打字，所以比萨和沙拉上来时，我没留意。突然听到有人说"妈妈张嘴"，我一下子笑了，原来他在执行家规——妈妈先吃，他看我忙着处理工作事情，知道不能打扰和催促，但他急着吃比萨，就想了个方法，先夹一些蔬菜到我嘴里，就顺利做到"长者先，幼者后"了。其实，他先吃，我也不会说他，因为是我在忙，但是他已经习惯了请我先吃，所以，他如果先吃就会觉得不对劲。就像南方人习惯了先喝汤一样，如果放在后面喝，就觉得不舒服。

所以，少成若天性，习惯成自然。小时培养好的习惯，就会自然而然形成，仿佛天生一般。

用餐时，不离席

在用餐期间，不离开座位。从入座就进入了用餐时段，即使餐没有全部端上来，也不能再去做其他的事情。这也是培养孩子自律精神的很好的时刻。

比如，有的小朋友会说"哎呀，西红柿炒鸡蛋还没炒好呢，我再去看两眼电视"，等一会儿菜上来了，他可能又会说"我正看到关键时刻，等一下，等一下，我再去吃"。又或者玩 iPad 游戏，他会说"我正打得很激烈，这一局没结束呢，我等会吃"。那这个时候，饭菜可能就凉了。

在儿童礼仪教学中我们强调非常重要的一点是：用餐完毕才能离开餐桌。很多孩子吃两口饭回头看看电视，再吃两口去拿个玩具。这样会养成三心二意的习惯，做事情不能集中注意力，对以后的生活和学习是非常不利的。

孩子的用餐习惯似乎是个大问题，我们要教会孩子规矩，明确告诉孩子什么时候开始用餐，什么时候才能离开餐桌，用清晰明确的语言告知，当然最重要的是告诉他原因。中餐大多为热食，边吃边玩，饭菜凉了对孩子娇嫩的肠胃不好，很容易导致消化系统紊乱，影响身体健康。正常情况下，就餐的时候，人体的血液会聚集到胃部，加强对食物的消化以及吸收。如果孩子边吃边玩，必然延长了就餐时间，而且孩子通常喜欢到处走走跳跳，也会影响孩子胃肠道的消化功能。孩子因为不明白吃饭时玩耍有何不妥，所以才喜欢一边玩一边吃，因为这是他的乐趣，当父母给孩子立下规矩之后，孩子就知道如何正确地用餐。原来，他并不是不想做好而是不知道如何去做。我们希望孩子是什么样的，要首先告诉他正确的做法，并立下规矩，否则就总是在做亡羊补牢的事情。

身要正，背要直

坐在餐桌前，身体挺直，背部靠到椅子上，两脚轻松放在地上，腹部于桌子保持一个拳头的距离，不可像布偶一样瘫坐在椅子上，更不要弯腰驼背。

吃东西的时候，以食就口，将食物迎向你，而不是你迎向食物。因此，整个用餐过程中，维持头部的高度，必要时上半身可以略向前倾，脸和额头应尽量朝向前方，不要埋头忙吃。

如果宝宝在吃饭的时候坐姿不正确或边走边吃，会使得胃部受到挤压，吃下去的食物在胃里面没有充足的空间容纳，使宝宝感到腹胀，影响胃对食物的吸收和消化。让宝宝吃饭时坐直坐好有利于食物的消化，家长们应该培养孩子吃饭时的正确坐姿。

我的饭，我来吃

我在飞机上见到很多孩子七八岁了，依然是父母喂食，孩子享用，并且享用得极不耐烦，一边玩着手机，一边不时张嘴。所以，很多孩子挑食，不能养成规律吃饭的好习惯。

培养孩子独立用餐的能力，是父母教会孩子的一项生存技能。曾有报道，小学生去郊游，妈妈给准备了煮鸡蛋，结果孩子却饿着回来了，因为不知道鸡蛋该怎样打开。所以，各位父母，如果我们真的爱孩子，就要放手让他去做，这是一门对父母而言的功课。很多时候并非孩子无能，而是家长的不放心、不放手造成孩子失去了尝试与学习的机会。

孩子2岁左右就会有自主意识，并且愿意尝试自己用餐，虽然依然不利索，依然会吃不到嘴里，但这就是学习的开始，而很多父母看到后就急于帮忙，或者想要干净利索完成用餐就直接自己喂。其实，任何一种学习都是需要时间的，都是艰难的，包括培养孩子独立用餐，如果当时省事了，父母喂饭那自然是又快又干净，但以后可能需要漫长的岁月为这件事埋单，因为，在孩子应该成长学习技能的阶段却错过了时机。

所以，有一种懒是妈妈教会的。

如何培养孩子的用餐礼仪

允许孩子参与用餐礼仪的讨论

比如，我们建立"全程不能离开餐桌"的家规。我自己家里非常重要的家规就是用餐必须在餐桌，直到用餐完毕才能离开餐桌，不能边吃边玩，一会吃饭一会玩耍。当时毛豆就问我可不可以坐在茶几旁看着电视吃，并不离开。我没有回答，我做的第一件事，是给他演示了一遍这个场景，让他感受一下，如果一家人坐在餐桌用餐，我自己坐在茶几附近一边吃一边看电视，作为家人他的感受。之后，我跟他分享为什么坐在一起，其乐融融的家庭用餐氛围很重要，其次从身体健康的角度，从家庭沟通的角度给他讲为什么要这样做，他也说出了他的想法，最后我们就这件事达成了一致。因此，在规矩建立时一定要让孩子参与，让他在未实行之前可以表达自己的想法。解开了心结，实施起来自然也就较为顺利。

逐步进行，坚定执行

不要急于求成，从明天开始给孩子立下许多用餐规矩，我们慢慢来，一周养成一个好习惯，循序渐进，家长也要做到。如果孩子邀请父母先动筷子，那么父母就先吃，不要说"没事，今天你先吃，妈妈还有盘菜没端上来"等，我们一起来执行规定，说到就要做到。

经常有很多父母，听到一个好的方法和理念就立刻执行，但很快就模糊了规则的界限，或者很快就完了。比如说，一时兴起，有很多人觉得每天亲子阅读20分钟，但最后坚持下来的有多少人呢？再比如说，有人在朋友圈励志减肥，并且发布出去，说不给自己留退路，最后还是没有坚持，所以，有时坚持比方法更重要。

及时鼓励，让习惯逐步养成

每个人的生活都需要糖，让生活感觉很甜蜜，那么，对孩子来讲什么是生活的糖呢？就是来自父母及时的鼓励。当某些礼仪要求孩子做到了时，一定要及时鼓励，要非常明确和清晰地让他知道他的哪个行为做对了，下次他就有意识继续坚持对的做法哦。比如，清晰告诉孩子："妈妈看到你刚才吃饭坐得特别直，你的肠胃好像在说'好舒服，你真棒'。"比如："今天妈妈看到你一直坐在餐桌旁吃饭，没有离开，这真是一个好习惯，我们一家人坐在一起，多么好。"

建立家规

家有家规，家才会更加和谐温暖，现在请大家告诉我，你的家中有家规吗？如果，让你现在建立一条与用餐有关的家规，你打算怎么做呢？

曾经有一段视频在网络传播，是李嘉诚和家人用餐，对用人始终都是彬彬有礼，对用人说"谢谢"。李嘉诚和他的子女，深刻诠释了一个人的家教与修养，对于成功的重要意义。

一顿饭，可以培养孩子的尊重心。一顿饭，可以培养孩子的恭敬心。一顿饭，可以培养孩子的同理心。一顿饭，可以培养孩子的感恩心。

教孩子礼仪，教孩子优雅从容过一生，从用餐礼仪开始吧！

第四章

你必须了解的公共礼仪

公共场所的教养之一就是"不给别人添麻烦"。

1 最好的旅行

如果你问父母们为何带着孩子去旅行，大部分答案都是"增长见识、开阔眼界"，那么如何才能真正做到这点呢？

盲目的出行不是随遇而安，有时会错失最好的学习机会，有时会遗漏最经典的景色，有时珍贵的人文信息会在不经意的目光中不留痕迹地错过。所以，我们要让旅行真正有收获，就需要和孩子一起做足准备，而这种准备的过程能够将旅行的快乐延长放大，并且在准备中我们也会有很多收获，当然，还必须带着"礼仪"出门，这是最好的实践。

做足准备再出发

别做旅行的跟随者，也别辜负每个地方最具特点的风景。很多人盲目地去过很多地方，只是去过，未曾感受，甚至可惜地遗漏了最关键的部分。

查找资料了解当地的特色，而不是走马观花只去了那些如雷贯耳的景点，却忽视了最富地域特色的街道和小吃店。有时风景不在官方的介绍里，而在驴友的

　　真正的旅行，是会给心灵带来滋养、感悟和思考的。有时，放下相机，眼前的世界会变得豁然开朗。

游记中，了解每个地方的地理、历史、人文，会让你观看的角度和欣赏的维度完全不同，收获自然也是不同的。

如果你问我拉萨什么最好吃，我一定会弱弱地说"炸土豆"，拉萨唯一盛产的蔬菜就是土豆，土豆喜爱阳光，日光城拉萨的日照时间长，昼夜温差大，这里的土豆淀粉含量高。如果你没做功课，只去了久负盛名的"玛吉阿米"餐厅，而没有去"老革命茶馆"，没有在路边吃一份"炸土豆"，终究是遗憾的。

每次旅行前，和毛豆一起研究规划路线，安排一日三餐是最富乐趣的事情，甚至可以让旅行的美好被放大被延长。这种澎湃激昂的行前憧憬，仿佛可以让我们时时沐浴在旅途的感受之中。我们展开热烈的讨论，仔细规划着景点、路线、交通工具等，所以毛豆的交通工具体验如此丰富，飞机、火车、轮船、快艇、摩托艇、竹筏、中巴、三轮车……很多时候，他和我在舟车劳顿中对世界有了更直接的认知。

在四川的乡村，我和他坐在马车上，一路颠簸一路和当地人用不怎么明白的语言对话，我说普通话，他们说四川话，我们也能聊得兴致盎然。

别做一个走马观花的旅行者，来一次深度旅行，让收获饱满。不致露怯，也不会触碰禁忌。不只知道随大流，也不会去了的只是躯体没有大脑。一无所知的人走到任何一个地方都不会受欢迎，没人有义务给你普及基本常识。比如，在深圳的罗湖口岸，入了关就不太方便兑换港币，而买车票充值只接收港币。有自动提款机，但只有一个，排队要很久。比如，夏季乘坐飞机，最好自备外套抵御候机楼和飞机上强大的空调，而不是上了飞机嗔怪毛毯太少，在夏天，很多地方室内的冷气都会让北方人觉得太强悍。

所以，做好准备再出发，让旅途少些意外，少给别人添麻烦，多点有备无患的意料之中和意料之外的惊喜。

旅行要用眼睛而非相机

不要做一个上车睡觉、下车拍照的旅行者。

但这仍是我们看到的常态，每到一个地方似乎只为拍照，当导游津津有味讲解着历史渊源和景点的特别之处时，耳边传来聒噪的声音"来，再给我拍一张"。声音尖锐，行为粗鲁，把人群冲开，只为找一个拍照的角度。

你知道吗？搔首弄姿和天然美景真的很不匹配。我们是要把旅途的美丽风光记录下来，但比这更重要的是那一刻的感受。

在苏州园林，我见过大批大批的旅行者，他们进到公园，大声招呼同伴，抢占位置，摆好造型，迅疾拍照。苏州园林名闻遐迩，人潮拥挤，园林尽管美景如画，但仍需要有一双诗意的眼睛看得懂那动静之间、虚实之处的意境。

真正的旅行，是会给心灵带来滋养、感悟和思考的。有时，放下相机，眼前的世界会变得豁然开朗。试想有多少照片是在旅行结束后就被迅速删掉，又有多少照片是你愿意留存而时时回味的呢？有时照片在于质量，并不在于数量。坦白来说，每个景点如果只是想要照片作证，完全可以在网上下载。专业的摄影无论角度还是构图，都远远好于自己的拍摄，我们亲自去到那里就是为了有更生动的体会，更丰富的感受。相机可以有，但不是旅途中的全部和重点，因为取景框会限制你感官信息的接收。有时美好的风景就在某个不经意回头的瞬间，某个与当地人聊天的时刻。

让我们用眼睛旅行吧，让步履踏实，让视界丰满。

你带走垃圾的样子真迷人

很多人来到北京，最心心念念的就是去天安门广场看一次升旗，让骨骼、肌肉、血液感受一次蓬勃的爱国热情。多么美好的愿景，多么可贵的情怀。

可是，你见过吗？升旗仪式结束后的一地垃圾，一片狼藉。

在全国各地的很多景点都能看到随地丢弃的垃圾和清洁人员忙碌的身影，甚至高速路堵车时，垃圾会横行路中，还有各种"印象"演出之后观众席随处可见的门票、空瓶、餐巾纸、报纸……

爱美景、爱秀丽河山，想要去看这个多姿多彩的世界，就要做一个配得上美景的人。

tips

第一，出门旅行，自备垃圾袋，毕竟不是在你需要的时候一定会有垃圾桶，我也不确信你可以拿着垃圾有多久，能不能坚持到有垃圾桶的地方，会不会20米的道路，就让你做个文明人的念头打消，默默将垃圾放在某个隐秘的角落，而自以为文明。所以，随身自备垃圾袋吧，这的确一点都不麻烦。随手将垃圾装在袋子里，你不知道这样的举动有多么迷人，简直不用说话，无言的行动就魅力无穷。

第二，用文明的方式扔垃圾，不抛物线似的让垃圾"飞"进垃圾桶，也不投篮似的扔垃圾，我不相信你的命中率，更不相信垃圾不会中途散开。所以，文明的做法是走到垃圾桶前，又稳又准又不留痕迹地将垃圾投进垃圾桶。

第三，希望无论你去哪里，除了身影，不曾留下什么，除了回忆不曾带走什么。日本的樱花节，无论多少人来过，走的时候地面依旧干净。想想这是多么美丽的景象。

希望多年以后，你会坦然地说，我攀登过一座高山，我带走了所有的垃圾，我只留下了自己的身影，所以，那山还是那么壮丽巍峨。

减少身体占用空间

曾经去过的一个国家，无论乘坐地铁还是火车，都能看到一个在这里司空见惯却又让我惊讶感慨的景象。

列车里所有人的腿都是向内收着的，以便尽量减少自己占用的空间，每个人都是那么自觉、那么自律。没有人跷二郎腿，也没有人将双腿伸出，我从侧面观看，几乎所有人的大腿和小腿的夹角都小于 90 度，这让我肃然起敬。

当时车里并没有满员，但每个人都抱着自己的包，不会让包坦然占用一个座位。因为我们都知道，如果上车看到有包在座位上，包的主人又是无比坦然，我们很少会去说"请把包拿开"，基本上都会默认，如此素质无须多言。而在这里，尽管这一站并没有满员，但乘客仍会抱着自己的包，即使穿着西装颇为不便，也会将电脑包放在腿上。也正是这一次经历和我数次在车厢看到横躺竖卧的景象有了鲜明的对比，让我写下来这一条规则。

每人只占用一个座位，尽量让身体少占用公共空间，在这样狭小的空间里，收拢自己的肢体，比扩张自己的肢体更有素质。提包等物品不占用座位，无论此时是否满员。

在北京地铁，我见过旁若无人脱了鞋在座位上睡觉的人，也见过大包小包占满座位的人，更见过伸出去的腿，笔直如跨栏，每个经过的人都要小心跨过。

如果这些经历你曾遭遇，就不如做一个给更多人带来方便的人。

漂亮地转身离开

很多时候，我们看真人秀以为那就是明星的日常，但后来才知道真人秀都有脚本，明星也知道自己的一举一动都被拍摄和注视，于是和生活其实有了分别。

而之前有空姐曝光刘诗诗在搭乘飞机时的暖心举动，透露刘诗诗不仅温和有礼貌，和她视线交会时，她会微笑说谢谢，更令人惊讶的是，刘诗诗在离开座位时，会把毛毯整理整齐放好。

这是多么小的细节，却又多么能体现一个人的教养。教养是刻在骨子里、融在血液里的，和善良一样伪装不出。

要知道很多人离开飞机时，毛毯都是被一团一堆扔在座位上，有时还会被拖在机舱过道缠缠绕绕，而每个路过的人都是踩过去或向旁边踢一踢。

一个将毛毯叠好再离开的小举动，会给自己带来方便，比如，拿取行李离开时不会被缠绕，也不会由于毛毯的覆盖而忘记带物品，同时也会方便其他旅客，不至于将毛毯拖到过道，也不至于绊倒。相信机上的清洁人员看到这样的场景，也会觉得暖心和方便。

所以，做一个这样的旅行者吧。

tips

第一，在酒店退房时，确保所有的物品都已归位，所有的物品都没有被损坏。一片狼藉，满地水迹，是很多人离开酒店客房后的场景，这绝对得让人倒吸一口气才能走进去。所谓无须提醒的自觉，在退房离店时是最真实的写照。将物品都放回原位，将垃圾都放到垃圾箱，将毛巾都放到毛巾筐或浴缸里，方便酒店客房人员查房和清洁。

第二，离开飞机、列车，汽车等交通工具时，将安全带收回到原位，将小桌板收起扣好，将垃圾交给乘务员或自己放在垃圾袋带走，不可以将垃圾直接放在座椅前面的口袋里，尤其是口香糖或是果皮核等物品，想想清洁人员如果一伸手摸到这样的东西是什么感觉，因此，这类垃圾一定要装进垃圾袋。如果是乘坐放飞机，离开飞机的时候，除了整理和带好自己的物品，能够将垃圾及时交给空乘人员外，还要在离开座位的时候将耳机、毛毯、枕头整理好，不要把耳机线垂在地上，毛毯缠在座位上，枕头踩在脚下，要知道，有的时候毛毯会使用两段航程，如果你踩踏毛毯和枕头，想一想下一段旅客的使用感受吧。

第三，在快餐店用餐完毕，如果能将餐盘整理一下，垃圾倒掉后将托盘放在工作台，这样具有自觉自律精神的你，将方便留给别人，多么可贵。在餐厅用餐，则尽量保持餐桌的整洁，杯盘狼藉的餐桌想必不只自己吃得不舒服，也会影响别人的胃口。经常保持自己和所处环境的整洁舒适，是一件让自己舒服、让别人舒心的事情。

做个这样的人：离开酒店、列车、飞机、餐桌等，保持整洁和有条理，无论去到哪里，离开某地，都会略做整理，适当清洁再离开，这样的旅行者最受欢迎。

作家梁晓声用四句话概括了什么是文化，而这四句话也戳中了我们尚待进步的此刻，他说：**植根于内心的修养，无须提醒的自觉，以约束为前提的自由，为别人着想的善良。**

所谓文化，体现在个体上其实就是素质、就是修养，就在我们朴素的生活里，平凡的足迹中。生活无处不细节，细节也最能反映一个人的品德。

2　带着"礼仪"出门

你见过穿着西装爬山的人吗？见过穿着高跟鞋去草原的人吗？见过戴着帽子穿着性感连衣裙去寺庙的人吗？见过穿着凉鞋徒步的人吗……

出门讲究礼仪，不只是对别人的尊重，更是一种自爱。

穿对衣服再出门

我正在酒店用餐，一群人进来，让我觉得惊讶不已。五星级酒店，安静的用餐环境，他们嘻嘻哈哈地进来，但是比粗鲁行为更惊悚的是他们穿着游泳衣和酒店的一次性拖鞋。

这个酒店的确有一个露天的海水游泳池，或许他们的确做好了早餐完毕去游泳的准备。但不代表游泳衣可以用作外出服，他们趿拉着拖鞋大咧咧的样子和餐厅的氛围实在是很不相符，穿戴整齐再出门是一个基本的出门条件啊。

拿着刀叉，穿着游泳衣吃早餐的模样真不敢恭维，关键是某个角度不同程度的走光，也实在让吃早餐的其他客人目光无处安放，只能低头用餐。再看看着装整齐的工作人员，如果客人也都能够着装整齐该是多么和谐。

有些家长觉得孩子还小，小朋友在旅途中穿着美观、舒适即可，不用在乎场合。可仔细思考，当小朋友穿着公主裙、小皮鞋爬山，穿游泳衣用餐，穿小背心在寺庙参观时，不仅会引来侧目，也会由于服装不得体、不符合场合要求导致吃得不尽兴、玩得不开心。

所以，旅行穿对衣服很重要。

穿合适的服装旅行，给旅途留一道风景吧！

tips

第一，去高山草原和高海拔地区，尽量穿户外装。这些地方气候多变，有时海拔每上升几百米，无论植被还是天气都有明显变化，一会儿小雨、一会儿艳阳。选择户外服装，例如速干服，可以在出汗后很快干燥，精密材质的冲锋衣可以有防雨防风的功能，有很多口袋的工装裤也适合长时间户外旅行，多个口袋可以分装不同旅途用品。

第二，去海边旅行，则适合色彩鲜艳的服装，蓝天碧海与之相配。但特别要注意的是并非所有靠近海滩的地方都可以穿游泳衣，都可以穿大面积裸露的服装，感觉分分钟要跳进水里游泳。游泳衣只适合海边和泳池，室内其他场所并不适合。

第三，如果去寺庙等地方，则要穿着保守，不能太过性感随意，进入寺庙需要脱掉帽子和墨镜。你可以在户外耍酷，但不要在有宗教信仰的神圣之地放肆。

第四，去迪士尼游乐园、环球影城等地方，你可以充分表现你的可爱，但真的把米奇发卡戴出乐园，则需要适合自己的年龄，当然在乐园是最适合萌萌哒的地方，可以穿一些有卡通图案的休闲服装。

第五，旅行一定会涉及用餐，穿适合餐厅氛围的服装很重要，无论如何，穿外出服去用餐是保险的。酒店浴袍、一次性拖鞋、游泳衣绝对不适合走进室内餐厅。

吃东西分场合、看时间

很多时候，旅途无论远近，我们都会把美食准备得特别充分，似乎吃好了旅途也就圆满啦，想想也没错啊，民以食为天。

我们拥有一个好工作，父母都会说有了个好饭碗。最深得民心的问候就是"吃了吗"，最容易沟通的一句寒暄就是"改天请你吃个饭"，吃东西真的很重要，旅途自然不能例外。在飞机上常常看到有食物自头顶飞过，还有一些热络的语言：你吃根火腿吧，尝尝我买的瓜子……

但人在旅途却完全忽视了一件事：味道和垃圾该如何处理？

乘坐飞机不允许携带榴梿，因为味道很大，不是每个人都喜欢。还有人在飞机上嗑瓜子，然后我看到空乘人员蹲在地上捡飞机过道的瓜子壳。当你感觉舒爽的时候，还需要考虑是不是给别人带来不便。

因此，外出旅行吃东西要分场合、看时间。

tips

第一，吃东西只在餐厅、房间，尽量不要在交通工具上吃东西。许多国家都有这样的法律规定：禁止在地铁和列车上吃东西。如果在外用餐，要准备好垃圾袋，尽量选择不过分发出声音，不产生太多垃圾的食物。比如瓜子等休闲食品，更适合在房间享用。

第二，在旅行中购买小吃，比如臭豆腐、炸土豆等，要在摊位前吃，不要拿着边走边吃。因为不一定随处都有垃圾桶，而且边走边吃也不雅观，还容易碰到他人。

第三，旅行的乐趣在于视觉、听觉、味觉、感觉四觉一体的美好享受，千万不要本末倒置，一直在吃零食和方便面中度过。只在用餐时间吃东西，不要让不停歇的吃减少旅途中其他感官的乐趣。

其实，管住自己的嘴，不走到哪吃到哪，真的是文明和进化的标志。在很多专卖店也有明确标示，不能吃着东西去逛。

有一次，在香港的一个奢侈品店，一位母亲带着儿子去逛店铺，小朋友端着一杯可乐，却没有盖子，我看到他摇摇晃晃的杯子就胆战心惊。这家店铺里铺的是非常典雅的地毯，他自己端着开口的杯子走路，实在是看着就揪心。当然这种担心很快结束，因为他在东张西望的时候把一整杯可乐洒在了地上，我能看到他无所谓并且毫不慌张的表情，也能看到孩子的母亲风轻云淡地责怪了两句，但这对母子装作看不到店员蹲在地上心疼又无奈地擦地毯，他们迈着轻快的步伐快速离开。

所以，养成一个好习惯，旅行时尽量只在餐厅、自己住的酒店或者小吃摊位前吃东西。

守时

你如果问我最不能接受朋友的习惯是什么，大概就是不守时吧。

但我最好的朋友都是守时的。我们几个人去西安讲课，顺便旅行。爬华山，看"长恨歌"，逛回民街，项目虽多，人数也多，但每个计划中的项目都完美施行。

每次说好早餐时间，大家绝对准时出现在餐厅，没出现的就是不吃早餐的人。每次说好坐车时间，大家一定准时出现，当然没化妆路人甲的样子是可能的。和这样守时的朋友旅游，等待的烦躁被自动屏蔽掉啦。

旅游如果守时，可以让时间的规划更合理，更有节奏。真正的轻松美好、浪漫惬意，来自于自律。

我们总以为随遇而安就是任谁谁，爱怎样怎样。其实真正的随遇而安，是张弛有度的规划，不紧不慢的自律，不疾不徐的笃定目标，有步调地坚定遵守，对结果的不过分在意，不让自己纠结在结果中，这才是随遇而安的心态。而不是从出发就蔓延的放纵和随意，以及完全迷茫的目标。

记得吗？下面这件事也和准时有关。所谓智商，有时完全弥补不了道德的缺失。

2017 年 6 月 1 日上午，武汉某名牌大学在读女博士因大闹武汉天河国际机场值机柜台，被机场警方依法处以行政拘留 10 日，法航决定将这名乘客列入黑名单，在国内 9 个通航点对其拒绝承运。航空专家解读说，黑名单制度在欧洲航空公司推行已久，一旦被列入黑名单，意味着她在日后的生活中，在诸多方面都将受到限制。而她大闹机场的原因就是她迟到了，飞机飞走了。

我知道每种迟到都有理由，但我更知道每次准时都有方法。旅行中的准时，是对自己的负责任。

入乡随俗，入境问禁

2017 年 8 月 5 日，两名中国男游客，年龄分别为 36 岁和 49 岁，在柏林的德国国会大厦前做出纳粹手势并用手机为彼此拍照。然后德国警察出动，以涉嫌

"使用违宪组织标志罪"将两人逮捕。纳粹礼又称举手礼，以此向希特勒致敬，方式为高抬右臂45度，手指并拢向前。也就是说，这个姿势，等同于纳粹德国标志。而这两位中国游客，竟然公然在"二战"地标意义的德国国会大厦前行起了纳粹礼。要知道，正是1933年纳粹操纵的国会纵火案，开始了对犹太人的大迫害。因为惨痛的历史教训，很多国家对纳粹礼高度敏感。

我们总说在国外不要随意询问一个人的年龄、宗教信仰、收入等，其实政治话语更是一大禁忌，它关乎一个国家和民族的价值体系，政治自由和政治禁忌是密不可分的。随着国民经济实力的增强，旅游范围的不断扩大，政治话语的禁忌显然是入境问禁的重点。

除此之外还需要知道的是民族禁忌等，比如，在信奉佛教的泰国，头是灵魂之所，不可随便乱摸，当然也不可以拿着手指来指指点点。

在泰国不可以蔑视皇室，随意的语言不是民主的表现，而是放肆和无忌。泰国实行以国王为元首的民主政治制度。国王为国家元首和王家武装部队最高统帅，神圣不可冒犯，任何人不得指责或控告国王。泰国人对他们的君主制是非常严肃认真的，并且忠诚于皇室。因此，不可以在口头上或用其他方式侮辱国王或皇室。当然，不八卦、不不懂装懂、不讨论宗教皇室和政治是明智的。

有些在中国被允许或是司空见惯的事情，在其他国家就有可能触及法律或被罚款。比如在新加坡，你可能会因很多事情而被罚款，包括随地吐痰、公共场所小便、吸烟、在公共交通上吃东西、喝饮料、扔垃圾等。从1992年开始吃口香糖就是一种违法的行为了，因此，在新加坡的任何一家商店都没有口香糖出售。

所以，相比较懂得不同民族的风俗习惯，更重要的是了解禁忌，不触碰对方的底线和雷区。入乡随俗，入境问禁，提前了解旅途的风景和旅途的禁忌，才能够让旅途少一点意外，多一点惊喜。

入乡随俗，入境问禁，提前了解旅途的风景和旅途的禁忌，才能够让旅途少一点意外，多一点惊喜。

3 你的声音里藏着你的修养

在公共场合要小声，避免大肆喧哗，这个道理似乎人人都懂，也都说得出来，但就是无法做到。噪声是生活中最不需要的音律。

嘘，小点声

一次乘坐高铁，5个小时的车程，我感觉在嘈杂沸腾的菜市场里度过一般。即便塞上耳机，也能听得到相隔几排的人大肆聊天的声音，东家长西家短的议论声，说着说着一言不合的争吵声，小朋友的哭闹声，全然不顾中午时分车厢里有那么多想要休息的人。声音之响亮，谈吐之无忌，仿佛在自家客厅。殊不知，公共场所的教养之一就是"不给别人添麻烦"。

"喧闹"几乎成了国人的代名词，无论在哪里，大大咧咧喧哗的旅行者，即便衣着不菲，包包昂贵，依旧没法让人尊重。有时外表可以武装，但教养真的没法伪装。很多时候沉默不是无知无感，而是不给别人添麻烦。

一个有名的奢侈品店，进来了一队旅行者，其中一人大大咧咧坐在中间的休息椅上，用刁蛮的食指冲着销售人员，傲慢而响亮地说："那个、那个还有那个，都给我拿下来……"那个时候，身在异国旅行的他的样子丑陋至极。

公共场合，小点声，你会更美。

声音里藏着你所有的教养，"怡吾色，柔吾声"真的是我们需要学习的，指手画脚高声叫嚷，只会让别人觉得你粗鲁无理。

下次出门，嘘，小声点，你会更美。

我会先用大脑，后用嘴

不要走到哪里都是先去询问，很多地方很多时候，只要你自己稍作攻略，就能够知晓，完全没有必要给别人添麻烦。

火车上，稍微观察一下，你就应该知道列车的开水在车厢的哪一端。因为午餐时分，频繁有旅客端着冲好的方便面回来，多么清楚，但当乘务员走过时，仍会有许多人问开水在哪；明明列车上的广播刚刚说过，下一个停靠站是哪里，预计几点到达，停车多长时间，还是有人看到乘务员就问："下一站什么时候到，太累了，我要下去走走……"

旅行团里，导游很大声地说："明天7点钟准时在楼下吃早餐，明天将参观的景点有……明天早上7点我在一楼餐厅等大家，先去用早餐。"话音刚落就有团友问"明天几点吃早饭"，我真的有些崩溃……

爬华山的时候，我发现路线标示非常清晰，每个小路口都有示意图和指示牌，但我在路口歇了5分钟，有好几拨人向我问路，实在是有点欲哭无泪，旁边就有指示牌，为什么不看啊。

华山的出口是要通过一个商业中心，然后才能出去，这的确有点绕，不过也能理解是出于商业的考虑，迪士尼的每个项目出口不都是商店嘛。不过华山的出口设计充分考虑到商业中心有可能会让游客不容易找到出口，所以地面有巨大的醒目的出口字样和箭头标志，只要低头看一眼就可以顺着指示轻松地走出去。但很遗憾，游客大多选择了最习惯的省脑方式，几乎90%的游客会直接走到右侧的奶茶店询问如何出去，说实话，我都觉得店员回答得很累、很无奈。

惬意的旅途，是需要智慧的，有些问题在旅途中问出来，会让人觉得太懒，也有些问题让人觉得智商堪忧。一个简单至极或者重复数次的话题，如果反复去询问工作人员，想想他们的感受吧，想想他们得有多烦躁，如果是必须问他们的问题，当然无可厚非，但旅途中看到太多图省事的旅行者，白纸一般出发，全凭用嘴打听，实在是煞了旅途的美好风光。所以，做个不给别人添麻烦，先动脑再动嘴的旅行者吧。

tips

第一，行前做些准备，了解旅行地的特色、特产、美食、美景、风俗和禁忌。减少在旅途中买热木瓜牛奶这样的尴尬。

第二，学会使用眼睛观察。十里不同风，百里不同俗，不能够了解旅行的全部这很正常，但如果学会观察，你便可以轻松解决很多旅途问题。比如检票进站后，如果下楼梯看到两边都有停靠的列车，不用问乘警，看看自己的车票再看看车厢上的车次，就应该知道该上哪辆车，抬头看看指示牌或者地面上车厢排队位置标志就该知道，1 至 5 号车厢向后走，6 至 10 号车厢向前走。甚至看看大家都在哪里排队也能知道在哪里等待。比如，稍加观察你就会发现在日本东京乘坐扶梯是左立右行，但在大阪就是和中国一样是左行右立。

第三，学会看标志、看说明。比如，飞机上的座椅口袋里都有图文并茂简洁易懂的安全须知。不久前，两名旅客因擅自打开飞机紧急出口门，被该航班机长拒绝乘机，还被派出所处以了罚款。原来在等候其他旅客登机的过程中，他们感觉发闷，竟想呼吸下机舱外的新鲜空气，便擅自扳动了飞机紧急出口门手柄，导致飞机紧急出口门打开。

在一个自己并不熟悉的地方，先观察再阅读指示和说明是非常必要的，没有人不学习就会懂得所有知识，但可悲的是从不学习的人，无论他们经历多少仍旧没有收获经验和新知识新技能。

旅途中增长的不止路途和步伐，还有知识经验和眼界。不影响他人是旅途中最基本的素养，所谓快乐，也是在不妨碍他人的前提下。

4 与洗手间有关的礼仪

是否有标准的洗手间礼仪，这是一个很多人询问的礼仪规则，我也觉得普及洗手间礼仪确实迫在眉睫。从茅房到厕所，从洗手间到化妆间，不只是名称的变化，还有使用方式的变化，使用规则的变化。社会在进步，我们真的太需要好好了解一下洗手间礼仪啦。

公共洗手间使用礼仪

tips

第一，所有人在最外侧排队，以保证公平。进入洗手间需要排队，排队需要在整个厕位间的最外侧，也就是无论哪个隔间的人出来，排在第一位的人都可以最先使用。而不是每个人等在不同的隔间外，看运气好不好，哪个隔间先使用完毕，等在这个门口的人就幸运地先使用。

第二，大小便一定要在厕位间的马桶完成。对于小朋友来说无论几岁，大小便都需要去洗手间并且是进到厕位间，使用马桶而非洗手池来完成。不只要自己方便，也不能污染环境妨碍他人。

第三，使用完洗手间，请保持整个环境的干净整洁。使用洗手间一定要尽可能地确保排泄物都在马桶里。无数次进到洗手间都看到满地狼藉。场面之不堪，难以想象刚刚用过洗手间的是怎样的人。

第四，大小便后均需要冲水，并且要冲干净。想必你一定见过洗手间排泄物赫然在目的尴尬场景。冲水，一定要记得冲水，以减少空气和环境污染。

第五，解腰带、脱衣服等行为要避人，要在厕位间内进行。一定要进到厕位间再开始脱衣服，不要在洗手间大庭广众之下脱衣服。无论小朋友几岁，无论你是否介意别人看到，无论是否特别着急，这是对自己的尊重，也是对他人的尊重。

第六，进入厕位间第一个动作就是锁上门。上洗手间请锁门，这是必须要了解的一个规则，务必在进入隔间后把门锁上，以免他人误认为没有人，打开门彼此都尴尬。

第七，确保用过的纸张物品都投入纸篓或垃圾桶，并且完全放进去。使用过的纸张、尿不湿或其他物品请投进纸篓，尽量把没有使用过的一面朝上，或者用其他纸张适当遮盖。

第八，洗手池只能用来洗手，不可长时间占用，如果需要化妆整理，请站到不妨碍他人洗手的一侧。洗手后适当将手在水池停留几秒，以免把水甩得满地都是，用纸巾擦干或用烘干器烘干后再离开，不要用湿漉漉的手触摸门把手等。

当然，比学习洗手间礼仪更重要的是：只去洗手间大小便。这是一本写给父母和孩子共同阅读的礼仪书，而我觉得没有什么能比眼前这一点更重要：培养孩子的私密感和羞耻感，从让孩子去洗手间大小便开始。当然，也要请各位家长身体力行，想必每年黄金周节假日高速路边的一排排站立小便的成人，也是一道粗鄙的

　　若要文质彬彬，必须辅以后天的教育和学习，养成良好的习惯。

景观。

我不止一次看到家长堂而皇之让孩子在医院小便，再次看到的时候，我特别果断写下这一节，甚至觉得它应该放在第一篇来写。这是每个人的生理需求，也是个人的素养大考验。

———— · —— · —— · —— · —— · —— · —— · —— · —— · —— · ————

关于两名中国男子在澳大利亚公共场合小便的事情，新南威尔士州警方针对沸沸扬扬的便溺被拘事件曾经给予过这样的回复。2016 年 10 月 29 日（周六）下午 3 点 30 分左右，警方看到两名男性在皇家植物园实施不文明行为。当警察走近时，两人试图走开。这两名 41 岁和 66 岁的男子因为不文明行为收到了一张"违法罚款通知（CIN）"。66 岁男子因攻击性行为和拒捕受到指控。2016 年 12 月 12 日在悉尼唐宁中心地方法院出庭受审。

———— · —— · —— · —— · —— · —— · —— · —— · —— · —— · ————

知道吗？在美国随地大小便是违法的，即使是幼儿也会被罚款。

暑期带毛豆自驾旅行，我开车，在有需要时，他自己关注高速路上的提示，几公里之后有休息区，他会告诉我："妈妈，我要去洗手间，下一个休息区你要进去一下。"

其实，养成好习惯也没那么难，去洗手间大小便，留点尊严给自己。

这就是所谓的朴实与文雅的辩驳吧，随意放肆并不是真性情，也不是朴实。

———— · —— · —— · —— · —— · —— · —— · —— · —— · —— · ————

《论语·雍也篇》："质胜文则野，文胜质则史。文质彬彬，然后君子。"这就是说："如果质朴胜过文采，就显得粗俗；如果文采胜过质朴，就显得浮华、虚伪。只有当质朴和文采配合恰当，才能成为一君子。"质是人生而俱有的，所以若要文质彬彬，必须得辅以后天的教育学习，养成良好的习惯。

卫国大夫棘子成也曾质疑过是否需要在意外在的表现。棘子成曰："君子质而已矣，何以文为？"子贡曰："惜乎！夫子之说君子也，驷不及舌。文犹质也，质犹文也。虎豹之鞟，犹犬羊之鞟。"

子贡的回答，最后这句充分说明了我们为什么要讲究自己的外在言行举止，因为子贡说，"文犹质也，质犹文也"，文与质本来就是相辅相成的。"虎豹之鞟，犹犬羊之鞟"，去掉毛的皮，也就是革。去了毛的虎豹之皮与去了毛的犬羊之皮，有什么区别呢？

因此，别拿质朴说事，别拿率真做掩饰，必要的自律自控，是淳朴的前提。

所以，从小养成的最自爱的习惯应该是在洗手间完成大小便。小小洗手间，其实礼仪处处有，或许，这一处的隐秘，也格外体现一个人的素养。

5 小小照片，大大礼仪

公共场合最不受欢迎的行为之一就是未经允许对着别人拍照。有时，你会看到某些成人和孩子，把相机举着，从你眼前拍摄，仿佛你就是他眼前的一个物品，无须尊重，也不需要打招呼。那一刻我深深感受到，物质文明的发展显然并没有带来精神文明的进步。在这个新鲜事物层出不穷的时代，礼仪也需要与时俱进。

尊重隐私，拍摄人物正面需要询问

你可以看，但你没权利随便拍。

在很多少数民族地区，身着民族服饰的当地人被迫成了景点，他们似乎失去了保护个人隐私和肖像权的权利。而那些扛着长枪短炮的旅行者和摄影师每一次将镜头对准他人时，都是如此欣喜和扬扬自得，但请注意，他们不是免费的风景，也不觉得被你拍照有多荣幸。

我在丽江四方街见到靠着古树闭着眼睛晒太阳的纳西老人被生硬打扰，拿着相机的人对他们说"我要给你拍照，来，看镜头笑一笑"。四方街就是这些纳西

老人的日常生活之地，但我想说：你可以来，你可以喜欢，但不能滋扰他人。而现在，再去丽江，在古城身着"披星戴月"的民族服饰的人越来越少。1999年我去那里时，大研古城的纳西妇女穿大襟宽袖布袍，外罩紫色或藏青色坎肩，腰间系着黑白蓝等颜色的棉布缝制的围腰，后背有"七星羊皮"的两根白色长带从肩部至胸前交错系在腰后。而2015年再去的时候，满城都是外地人和非洲鼓。无论是丽江还是北京的南锣鼓巷，越来越多的居民被打扰着、离开着。

你可以喜欢，但不可以打扰。出门旅行，拍摄人物，包括景区内身着民族服饰的工作人员，在拍照前均要征得许可，这是尊重他人的表现，也是一个人的基本素养之一。没有谁有责任配合你，景区的工作人员也需要被尊重，他们有自己的生活，自己的心情，自己的好恶。但无数次，我们看到旅行者就是这样盛气凌人举起了相机，对准了人物。还有人霸气地开视频，配上自己的解说。

尊重，从旅行中不随便对着人物拍照开始，拍摄人物正面务必征得其本人同意，而不是爱谁谁的无赖。相机举起之前，多一点考虑他人的感受，或许这也是旅行的收获和价值。

别把旅行照片在社交媒体刷屏

说真的，如果我不是特别喜欢你，如果我不是特别欣赏你，我其实对你的照片没兴趣，尤其是刷屏的自拍。你考虑过你在社交媒体上 po 出一组又一组的照片后对其他人视野的残酷围剿吗？你放照片在朋友圈，在微博，在 Ins（lnstagram 的简称，照片墙），你的朋友只要打开就是你的脸，而且是无从躲避。

有的时候，每当放假，你的社交媒体就沦陷了，因为有的人旅行吃饭要拍，景点要拍，购物要拍，坐车要拍，走路要拍，甚至有时是一段接一段的小视频……关键是感受不到摄影的技巧和照片的美感，如果没有欣赏性，请问频繁发的意义在哪里？

你的社交媒体其实就是你。发照片的心情也是别人了解你的一个途径，出于炫耀的目的，出于展示的目的，出于共鸣的目的……发照片的时候，想想观看者的感受吧，别炫富，别显摆，别自恋过头，是对别人的尊重，因为自媒体也是公开的。

所以，如果旅行，拍摄的海量照片请这样处理。

tips

第一，不要在朋友圈、微博、Ins 等社交媒体发完全一样的内容，你的朋友无论打开哪看到的都是你，实在是有点辣眼睛。最多两个地方重复，即便重复，也最好文字不是一模一样的粘贴，除非每个地方人群结构完全不同，还可以设置为特定人群观看，别让自己的旅行照片太聒噪，成为让人反感的杂音。

第二，发出来的风景图片，请略做处理。说实话，很多风景照片都可在百度得到，如果你说出有价值的信息、有意思的语言，或许我会喜欢，否则海量的照片，无摄影技术可言，无文字内涵可言，有何意义和价值。如果只是为了记录人生，可以选择仅自己观看，别成为刷屏的商人，除非你很确定你有很多粉丝爱着你的一举一动。但是如果你的照片中有别致的拍摄角度，有趣的人文内涵，高超的图片后期处理技术或者清新雅致的文字，则是一道风景线哦。

第三，每天刷屏照片的频率需要控制，再美的风景也在你的眼中，别人无法透过屏幕获得相同的快乐。所以，一天发布 3 次以内的旅行照片是个善解人意的做法。如果有特别喜欢看你旅行点点滴滴的人，不如发在适合的群里，比如，家庭的群你就可以时刻转播，因为家人的心态是如此的关切，且抱有极大的兴趣。

我们旅行都很爱拍照，无论风景还是人物，都觉得是种珍贵的纪念，的确是这样，但我们可以把这种照片发在适合的载体，让自己的旅行带给别人更多的是经验和乐趣吧。

6 排队，请排队，只为自己排队

旅行中景色是怡人的，但或许作为旅行者，你也需要提高自己的素养才能够与风景相得益彰。

而由于计划经济年代的烙痕也罢，由于小小聪明的扬扬自得也罢，由于茫然无视秩序也罢，总之我们常常看到的景象是：

（1）总是有人假装看不到排队，如果队伍比较短的话，只有三四人排队，就可能会有人若无其事地看着手机，仿佛不经心就找到了投机取巧的位置。

（2）一人排队多人受益，只要有一个人在排队，瞬间就会有所有认识他的人拥到他的前面，让后面所有排队的人对突然膨胀的队伍措手不及。

（3）排队时看不到形状，无论你好好地站在队伍里多么久，都有可能在某个猝不及防变更队形的瞬间被挤出队列。甚至有时想要排队，队尾会有三个人并列，你都不知道该站在哪个人的后面，终于站定，又有可能后来的人和你并行，当队伍向前移动必须变成一队时，你又被挤到了后面，眼睁睁看着比你晚到的人堂而皇之地排在你前面。

（4）插队总是那么理直气壮，如入无人之地，在乘坐飞机等待登机时，经常

会有人在开始登机后拉着箱子若无其事地加塞进来，那神态自然得让后面的人都没法抗议，必须得怀疑是自己眼花了。

学会等待

酒店的自助餐厅由于用早餐的客人较多，需要等位。我和毛豆安静等待，尽管队伍略微有点长。

事实上，这是一家度假型酒店，来这里的游客都为悠闲地享受度假时光，惬意轻松是第一位的。所以早餐时间大多偏晚，且集中在了9点之后，为此餐厅有一张通知，上面明确告知如果9点前来用餐等位时间0分钟，9点30分之前来用餐等位时间15分钟，10点前来用餐等位20至30分钟。但几分钟后，焦躁的人群开始吵闹和抱怨，不断质疑酒店的工作人员，甚至有人要硬闯自己去寻找座位，场面一度混乱。

法国学者福柯曾经说过："世界上没有一个文化可以随心所欲。"等待，是我们非常需要学习和修炼的一门功课，世界不会围着你的意志转移，这世界有规则，我们都应该遵守，这也是世界和谐运转的基础。

现在乘坐飞机出门经常会遇到飞机延误，天气原因、机械故障、航空管制等，等待是令人焦虑并无奈的，但我们仍需要学会等待。却有乘客无法理解，把气发泄到地面工作人员的身上。作为地面服务人员，他们的权限是有限的，他们能做的只能是安抚乘客，并且传达航班信息，因为航班延误而殴打机场工作人员，实在不可理喻。

飞机的起飞确保安全是第一位的，也需要接受航空管制部门的统一协调管理，不会因为你的抱怨和施压而改变，与其用糟糕的心情影响自己和他人，不如接受事实，保持平静和耐心。

我们的人生经常需要等待，候机候车、参观景点、购买物品、付款交费、安全检查、通过海关……有的时候，多一点智慧可以减少等待时间；有的时候，多一点理解，会使等待不那么焦虑；有的时候，多一点配合，会使事情进行得更高效；有的时候，多一点对规则的认同，一切都会更加有序。

等待是在公共场合必备的一种涵养。你是否拥有和具备呢？

排队礼仪

所以，排队吧，并且请认真遵守排队礼仪。

tips

第一，只要有两人以上等待就排队。

不是非得需要很多人等待才需要排队，事实上，只要有两个人就应该自觉站在第一个办理业务的人的后边，而不是站在旁边等待。站在后边排队，可以使后面再来的人知道明确的排队路线，也给前面的人必要的尊重，要知道不是每个人都喜欢其他人旁观自己办理业务，即使你认为这没有什么秘密。

第二，如果横向排队，请向右侧延伸，顺右手方向排队。

说实话，每次去邮局或是蛋糕店，遇到没有明确指示的柜台，我们就会看不出队形，面对工作人员站着一个人，他的左边有一个人，右边也有一个人，作为第4个人，我们迷茫不知所措，站在哪里似乎都没法确定自己的排队位置，所以，请向右侧排队，而不要左右两边等待。

第三，排队要成行成列，而排三三两两，似排非排，连队尾都找不准。

我想你不止一次看到过蜿蜒混乱的队伍，说没有排队吧，似乎都三三两两向后面蔓延，也没有一窝蜂拥挤在前面，但若说这是排队吧，似乎也找不到队尾，完全看不出队形。所以，从我们自己做起吧，排队就成行成列，也尽量少在排队时并列聊天。

第四，排队就只为自己一人，并不可一人排队多人受益，因为一旦加塞进人，其实妨碍的是后边所有人的利益。

我有一次去机场排队办理行李托运，因为时间比较紧张，所以，我也挺着急，在排队前连忙目测和评估了一下几个柜台的排队人数，然后，迅速选择了一个我认为人数相对较少的柜台。但我错了，我低估了排队人亲戚的数量，我这列队伍里，有一个人排队，但很快就来了近10个人插在了前面，他说，都是他的亲戚，那一瞬间，我几乎崩溃掉。

从什么时候开始，只要排队队伍中有一个认识的人，他就可以堂而皇之地插队，只要有一个人在排队，他们全家人可以受益，甚至整个旅行团的人都可以插队。不是所有形成的就是合理的。每个人仅能为自己排队，这是对规则最好的遵守。

第五，排好队就不轻易让队伍变形。

在地铁排队区域经常看到：在等候列车的时候，队伍还整齐有序，但地铁门刚一打开，队伍就沦陷在人群中，人们蜂拥而上，之前排好的顺序也完全不作数啦。甚至先下后上的基本礼貌也荡然无存，总是象征性让下来几位乘客，就开始往里挤。有序是最节约时间的一种方法，队伍一旦排列整齐，就不要随意混乱。

第六，不插队。若无其事或伴装紧急的插队都是令人小瞧的，别玩小花样，遵守秩序是公民的基本素养。常常看到有人若无其事地插队，仿佛看不到队伍，又仿佛他认识前面的人，就那么顺理成章挤了进去。很多时候，我们沉默，不是因为默许和默认，而是觉得他既然能过得了自己的"道德观"，想必也无视别人的不满。但真正的礼仪，不单要尊重他人，还要尊重秩序，所以，禁止插队。

第七，关注标示，遵守现场指引，不钻隔离绳，也不在隔离绳上空运孩子，堂堂正正地遵守隔离区域的规章。

我在色拉寺排队，最初没有发现其实有两个队伍，一个是当地人的队伍，一队是旅游者，我糊涂地排在当地人的队伍里，可以听到我身后粗重的喘息声，闻到空气中弥漫的桑烟的味道，队伍很长，但无论怎样蜿蜒，始终有序。

做一个可以排队的人，会让这个人字书写得更有意义。

7 尊重每个场合的规则

我和毛豆乘坐飞机，因为天气原因遭遇飞机延误，机场的其他航班也大面积延误，我们到休息室却没有空位，因为每个座位都有物品，或者一条空调披肩，或者一沓报纸，或者一个手提包或是一件行李。

陆续进来的旅客也都找不到位置，于是大家请工作人员去询问一下，是否所有的不坐人的空位都有人。无比尴尬的是她去询问，每个人都回答说此处有人，她摊开无奈的双手走了回来，向大家表示歉意。

我们目测不坐人的位置大概占到休息室座位的三分之一，而站着拿取食物或是沏茶的人不足 5 人。这真的颇为无语。但比没有空位更尴尬的是，工作人员去询问时，坐着的旅客那烦躁和嫌弃的模样，仿佛他们想占用多少位置都是应该的，不想与人拼桌也是应该的。工作人员去询问是她的职责所在，毕竟有很多客人在等待，休息室也有休息室的规则，支持和认同是每个旅客应该遵守的。

因此，请尊重每个场合的规则。

入乡随俗，了解规矩

其实出门在外最重要的是拥有一个好心情，所以，事先了解每个地方特有的规矩或者特殊要求十分必要。

有时会在迪士尼游乐园看到家长与工作人员争吵，因为不同的游玩项目对孩子的年龄和身高有不同的要求。但家长总是希望孩子能够享受更多的游乐项目，于是会和工作人员就一厘米、两厘米去争吵，说实话，这样的设置是为了确保安全，相比较"尽兴"，我想"安全"更重要吧。

在很多酒店规定去游泳池游泳必须戴泳帽，可是总有人不戴泳帽，之后又去挑衅工作人员："就是没有泳帽，怎么着，还不让游？"一副我住在酒店就该享用所有的爱谁谁的架势，一点也不酷，充满无赖和撒泼的味道。

又比如，香港地铁是明文规定不可以吃东西的。在港铁的车厢里有贴着严禁饮食的牌子和图片，甚至有广播。但仍有很多旅行者佯装不知，或者直诉其不人性化，而引发骂战。除了在地铁里吃东西会有气味，很难散掉，影响空气清新之外，食物残渣会引发蟑螂、老鼠等动物，而它们有咬断电缆造成通信和信号中断的可能，也会危及行车安全。

总有人把无赖当做酷，把无耻当做有本事，把不遵守规则还享受了对方的妥协当做自己有理。其实很多时候，工作人员没有再坚持下去是酒店服务理念使然，或许还有不和不同档次的人纠缠的原因吧。

入乡随俗，了解规矩。

人和动物的最显著区别，就是拥有自我约束力，不会随意妄为。

tips

第一，出发前了解目的地的习俗。比如，有些国家不是所有的餐馆都可以卖酒，需要有酒精牌照。也不是所有的超市都可以随时买酒，由于宗教信仰等原因，卖酒的时间有时是被限制的。所以，出发前规划自己的需求与了解目的地的规矩很重要，发生和自己想法冲突的事情时不要大喊大叫，百折不挠地索取。

第二，出发前了解所乘坐交通工具的规则。比如，不同国家对行走的方向位置规定是不同的，有的国家依道路左侧行走，有的国家依道路的右侧行走。至于地铁里禁止吃东西，有些地方禁止拍照，这些都应该事先了解。

第三，出发前了解目的地景点。入乡随俗，这很重要，比如，马来西亚非常著名的海上清真寺，从走入大门开始就需要脱鞋，而不是进到寺内才脱鞋。但总有人很矫情地说："我怎么可能在室外光着脚走，我不去寺内，我就在外边看看清真寺在水上的壮观，我就拍几张照片，就别麻烦了……"

所以，提前做些了解，对每个遇到的情况多些理解，这样的旅途才更轻松更愉快。

我不会在公共场合做任何在家中不会做的粗鲁行为

一次旅行，就是公共道德最真实的呈现。

我们总是说，旅行中很多人会有一些不文明行为，给中国人抹黑，但我们又会发现不文明行为实在是一个太大的命题，这会让旅行者有时难以评估自己的行为属性。不文明行为，指人们由于公共道德缺失而做出的违背公序良俗的举止和动作。但这些恰恰又都是小事，似乎可大可小，你说他不文明，他可能会说，这只是不妥，不算大问题，也不算不文明。更有人认为公共场所是"公共的"地盘，没人指责，也没有监督和舆论压力，形成了一种安全的、从众的无意识状态。

因此，为了能够更好地约束自己在旅行中的行为，让自己的旅行不至留下一抹抹黑色，我用了这样一种表述方式，希望能够更容易让大家理解究竟该如何规范自己的行为，即：我不会在公共场合做任何在家中不会做的粗鲁行为。

比如，我在家里，使用触屏冰箱，一定会小心轻按，但同样是触屏的电梯按钮，就有很多人是用钥匙等硬物去按。比如，拍照的时候，很多人为了追求效果，不管不顾就踏进了草坪。全然不会考虑自己的身躯，稚嫩的小草能不能承受得住，换过来讲，你会用脚踩踏家中的植物吗？

有一次，我在颐和园看到有人为了拍照攀登上树，树枝摇摇晃晃承受着人的体重。殊不知，当你攀上去时，因为那丑陋的行动，照片就已经大失光彩，而旁边就挂着"请勿攀登"的牌子。

暑假里，很多家长带孩子到北京旅游，当然，必去之处就包括了北京大学和清华大学，但非常遗憾的是等待和排队区域一地垃圾。去名校是为了感受文化的韵味和气息，但这样不文明的行为已经让这所学校遭遇了肮脏气息，谈何文化熏陶。想想，在家中我们会把擦过汗的纸巾直接扔在地上吗？吃过的零食包装袋会扔在地上吗？不会。我们一定会妥妥地扔进垃圾桶，哪怕掉落下一点也会再把它收拾进去，那么，在公共场合为什么就做不到和在家中一样呢？

所以，做个文明的人，请这样评估自己的行为：只要你在自己的家中不会这样做，就请不要在旅行中有这样的行为。

我会管好我的身体

高铁里，一个女子将座椅最大幅度放倒，双脚大大咧咧放在了小桌板上，极其舒适，十分无忌，那一瞬间，我倒吸了一口冷气，想起无数次乘坐高铁我使用小桌板用餐，无比惬意地喝咖啡，顿时有一种很反胃的感受。她就那样光着脚，脱掉袜子，再把它们举起来，不需要考虑，做得那么自然。

很多中国人到北京旅行，一定会去故宫，但当你看到这样的行为时，不知道会不会感慨，会不会叹息：一个团队，每个人都爬上故宫的门，如同攀岩一般，抓住和踩着门钉拍照。故宫的门上有门钉，但它不是用来踩踏的拍照装饰。皇家建筑，每扇门的门钉是横九路、竖九路，一共是九九八十一个钉。九是阳数之极，是阳数里最大的，象征帝王最高的地位。尽管民间有摸门钉的习俗，但踩踏文物万万不可啊。

在地铁里，一个男子躺在座椅上，而当时仍有很多人没有座位，正值高峰时段，旅客较多，但他旁若无人，悠然自得躺在座位上玩手机。每人只应该坐一个位置，身体要确保不会像动物一样肆意瘫躺，这是人类不断进化的标志。

无论如何，管好自己的身体非常重要，这是文明的体现。

tips

第一，在别人面前不要脱鞋或赤脚。知道吗？这是会被视为不知礼节的野蛮人。无论你在哪里，只要不是密闭的、无其他人的私人空间，都应穿好鞋。

第二，在公共场合保持身体直立端正，不在公共休息空间横躺竖卧，只占用一人位的空间。

第三，不会在非私人空间裸露身体，包括天热时脱下上衣，聊起上衣露出肚子等。

人和动物最显著的区别，就是拥有自我约束力，不会随意妄为。精神的文明应该随着高铁的提速，而进行提速。

8 不给别人添麻烦的文明

在泰国机场发生的一幕，让人无比唏嘘。

一天清晨约 6 时 20 分，候机人群中有中国的旅游团，离登机时间还有 10 分钟的时候，旅游团中的一名 3 岁半左右的男孩说要踢足球。随即，这名男孩就和一位约 50 岁的中国男子在候机厅内开始玩足球。素万那普机场的候机厅均为玻璃幕墙，而这名男孩又是在人堆里踢球，在候机厅内宛如"小霸王"一般，旁若无人地玩耍。清晨的机场非常安静，由于是早班的航班，很多人因为确实起得太早，在候机的时候都在小憩，但候机大厅充满这个小朋友的喊叫令人烦躁。而他也不断在人群中冲撞，球也不断踢到别人身上……这样的混乱场面成为候机大厅极不和谐的一幕，令人侧目与反感。

北京地铁 6 号线，一个小孩喊了几声"尿尿"，大人就直接扒下孩子的裤子让他尿。目测这个孩子已经有五六岁，旁人指责，大人还理直气壮地说："我家孩子就是哪里都能尿！"小朋友的行为，应该谁来负责？

《三字经》中有"养不教，父之过"，这是教育的顺序。

在最新的"最令你反感的语言"调查中，其中就包括这句：他还是个孩子。

在公共汽车上有人腿伸得很长很远，极为自在，而每个经过的人都需要小心绕开。地铁上的立柱，被一个人全身抱住，其他站立的乘客则无从下手，无处把扶。在旅游景点，几个人堵住道路长时间摆造型拍照，其他人无法通过。这些都是在旅途中只关注了自己的需求，而无视了他人的境况。举一个小例子，如果关门时能够扶一下，轻轻关上，或帮后面的人多扶一下门，举手之劳，把方便带给他人，是多么美好的行为。

《中庸》中的一段话，值得思考。

仲尼曰：君子中庸，小人反中庸。君子之中庸也，君子而时中；小人之中庸也，小人而无忌惮也。意思是君子能中庸，小人违背中庸。君子之所以能中庸，是因为君子随时做到合适适度，小人之所以违背中庸，是因为小人毫无顾忌和畏惧，肆意妄为。

最可怕的是很多人抱有这样的心态：我就是个粗人，我就是这样，我就是不拘小节，却忽视了给别人带来的不便。所谓舒适，是在不妨碍别人的基础上，适度方可。

要知道，率真不等于随意，坦荡不等于放肆。

对服务人员要有感激和欣赏的态度

一个小男孩冲着餐厅的服务员大声喊"给我一杯橙汁"。服务员的脸上有一丝郁闷，然后给他端来了一杯果汁，放在他面前，小男孩一言不发端起来就喝，孩子的父母那一刻甚至都来不及抬头。5分钟后，孩子的爸爸喊"给我加点咖啡"，服务员应声而来，端着咖啡壶，将咖啡倒满说："先生请慢用。"而此时，男孩的父母正在高谈阔论，无视服务。这是酒店的早餐厅，服务员非常忙碌，但服务十分细致。

———————————————————————

很多时候，服务工作就是这样没有尊严，感受不到尊重，也很难找到工作的乐趣，因为有很多的客人把服务当作为所欲为的需求与索取。感受着自己的有钱任性，无视着他人的尊严与付出。

———————————————————————

参观拉萨布达拉宫的时候，在东欢乐广场，导游需要帮忙把预约券换成正式门票，他嘱托我们，他去换票，大家在广场拍照、上洗手间，10分钟后集合。

毛豆去洗手间，我等他，出来后我们在导游指定的汇合地点拍照。我们小团队的人陆续集合，导游也把换好的门票发给大家。10分钟后，导游宣布集合，他手中还有一张门票，导游数次呼喊这个游客的名字，我们也帮忙呼唤，但由于她是独自一人旅行，没有同伴，所以无人知道她去哪了，我们也面面相觑，等了5分钟后，我们说，导游你给她打电话吧。导游拨通她的电话，刚说了一句："你好，我是今天参观布达拉宫的导游……"然后，我们就感觉到他的电话被粗暴挂断了。导游尴尬地说："我还没说完，她就告诉我一句'我一会儿就到'，然后就挂断了。"我们也很无语，只能和导游拿着一张票等着。

———————————————————————

每个人都值得被尊重，更何况是堂堂正正、辛勤劳动的导游，他在完成工作，他也需要对我们这么多陪着等待的人有交代，职责所在他打电话询问，对方却无理挂断。我们不知她在哪里，也不知道她到底多长时间回来。但她粗暴的态度让人反感。十几分钟后她回来，一言不发从导游手中拿过门票，我们开始参观。

人生而平等，每个认真努力工作的人都值得尊重，服务人员并不低人一等，他们热情殷勤是因为他们有职业素养，不是因为别人多么高尚，他们多么卑微。

做一个能够一视同仁的人吧，对所有享受到的报以感激和欣赏的态度。有时，当你接受到服务，能够看着他们的眼睛说一声"谢谢"，对他们一整天的心情都是一种润泽。

与人为善，就是友善待人，愉人悦己。

境由心生，不吹毛求疵

去新疆的吐鲁番，在吐鲁番的葡萄院，有人一边吃，葡萄皮、葡萄籽吐得到处都是，还一边抱怨："这葡萄也就一般，每次歌里唱得吐鲁番的葡萄熟了，这今天真的来了，不就是葡萄吗？也没什么特别啊，还有这个地方，太热啦，这么远跑来，真的不值……你这葡萄便宜点吧，这价格太坑人了，哪哪都没空调，唉，真是花钱找罪受。"一边说，一边继续吃着各种葡萄。带我们去的导游脸色非常尴尬。

其实，景色、风光、食物的感受在很大程度上与心情有关。

当年朱元璋逃难的时候，一个老奶奶曾经给过他一碗汤，他觉得那简直是世间美味，一直念念不忘，认为那就是所谓的珍珠翡翠白玉汤。其实并不是什么好吃的，只是百家饭，好吃是因为心境的原因。

旅行也是这样，你所看过的风光片，都进行过图片处理，事实上的景色有可能没有图片上看到的那么震撼，又或者比图片上看到的更生动有趣。很多人第一次看到长城觉得没有图片上那么辽远，第一次来到故宫觉得红墙没有想象中恢宏，第一次看到大海觉得不够蔚蓝。

别给景色添加太多的想象，别让旅途增加人为的不快，不要对当地人、导游、服务人员抱怨太多……

对景区服务的心理落差和不满，会让每个热爱家乡的人感觉不舒服。不断提及青岛 38 块钱的大虾，那不是幽默，只是个别例子，它不足以代表青岛，也别总说城

　　其实，景色、风光、食物的感受在很大程度
上与心情有关。

市太腥，这就是海的味道。没人求着你来，其实你也没有人家希望的那么好，所以，旅行不要吹毛求疵，多一点欣赏的目光，景色更加怡人，心情更加舒悦。

景观是用来看的，别用手、脚、物品去破坏和伤害它

有的人出门外在，没有大肆的喧哗，只有友善温和的声音。没有随意触碰、无所顾忌地攀登，只有用眼睛观赏、用心灵感受。对每个地方的景物抱有爱惜和欣赏的态度，对每种风景都有希望它更好的意愿。

勿带走公物，也勿落下自己的物品。一个有礼的旅客应该避免乱丢垃圾或者在公共场合喧哗。

长城上，一道道石刻，不知是宣告了谎言还是破坏力。很多人拍照时见树一定要上树，见到假山爬假山，见花摘花，见到门也要挂上去，旅途成了对景物有杀伤力的破坏之旅。爱惜环境，爱护风景，从不破坏它们开始吧。

很多游客的不文明行为已然为人诟病，并且严重损害了中国人的形象。比如，有的游客在埃及神庙刻画、在亚洲航空飞机上泼面、在限制进入区域强行钻进去拍照、因为好奇硬生生打开飞机机舱安全门等，这些不文明现象在境内外引起了广泛关注，使中国游客在国际社会上展示出一个个不雅的形象。

做一个在风景中值得被怀念的人，请管住具有破坏力的手脚，充分用眼睛和心灵旅行。

教养就是 iPhoneX 手机在你洗尽铅华和浓妆之后依然可以解锁的模样。它不是与生俱来的，也不是浑然天成的，它是你在一件件小事中培养熏陶而成，直到融入血液，永远与你在一起的一部分。

附录

礼由心生而后成仪 *之* 节庆礼仪

扫码，重温最美
的中华传统礼仪

春节礼仪

端午节礼仪

元宵节礼仪

中秋节礼仪

清明节礼仪